ÉVANGÉLINE

Un conte d'Acadie
par
Henry Wadsworth Longfellow
avec introduction par
C. Bruce Fergusson
M.A., D.Phil. (Oxon)

NIMBUS PUBLISHING LIMITED

Acadie
La Terre
d'Evangéline

R. Petitcoudiac
Beauséjour
Baie Verte
Beaubassin

Baie de Chignecto

St Jean
PARRSBORO
C. Blomidon
Baie Cobequid

Baie de Fundy
1605 - 1613
PORT ROYAL
KENTVILLE
Bassin de Minas
GRAND PRÉ
WINDSOR

Passe Digby
ANNAPOLIS ROYAL
Bassin d'Annapolis
DIGBY
HALIFAX

Baie de Mahone

Baie Mahone
LUNENBURG

LIVERPOOL
PORT MOUTON

SHELBURNE

Océan Atlantique

YARMOUTH
PUBNICO
PORT LATOUR
Cap Sable

N
O — E

Introduction copyright © 1951

Nimbus Publishing Limited
P.O. Box 9301, Station A
Halifax, N.S.
B3K 5N5

Données de catalogage avant publication (Canada)

Longfellow, Henry Wadsworth, 1807-1882.

    Évangéline

    Traduction de: A tale of Acadie.
    ISBN 0-920852-16-5

I. Fergusson, Charles Bruce, 1911-1978. II. Titre.
PS2263.A46 1982   811'.3   C82-007966-9

Introduction

Évangéline de Longfellow, une des plus belles œuvres d'un poète américain des plus connus, est, ainsi qu'elle a toujours été, une œuvre d'art si charmante, que sa beauté pathétique enveloppe la vie des Acadiens d'un rayonnement éthéré et nous pousse à vouloir connaître plus profondément l'histoire de l'Acadie ou de la Nouvelle-Écosse.

Évangéline fut publiée en 1847, quatre-vingt-douze ans après le point culminant du "grand dérangement," et depuis cette époque, a été éditée dans maintes éditions anglaises ainsi que dans d'innombrables traductions. Ce livre est toujours populaire et, que ce soit ou non un chef-d'œuvre, il possède de telles qualités de mélodie, de sensibilité pathétique et de simplicité, qui semblent lui assurer quelque chose d'immortel.

Henry Wadsworth Longfellow naquit à Portland, Maine, le 27 février 1807 et mourut à Cambridge, Massachusetts, le 24 mars 1882. Il passa la majeure partie de son adolescence dans sa ville natale dont il décrit les environs charmants et la vie paisible dans son poème "Ma Jeunesse Perdue." Très jeune, il étudia au Collège Bourdoin à Brunswick, ville située environ à 25 milles de Portland, une contrée hantée de légendes indiennes. A l'âge de dix-huit ans, il fut reçu avec honneur quatrième dans une classe de trente-huit dont faisait partie Hawthorne, qui fut toute sa vie son ami. Très peu de temps après, un poste de professeur de langues modernes lui fut offert. Dans le but de se qualifier pour cette tâche, il passa trois années et demie à voyager dans différents pays d'Europe, apprenant leurs langues et étudiant les coutumes et l'histoire de ce continent. Lors de son retour en Amérique en 1829, il commença ses fonctions de professeur au Collège Bourdoin oú il enseigna pendant six ans. Il se maria en 1831.

Vers la fin de 1834, on lui offrit et il accepta le poste de professeur de langues modernes et de belles-lettres au Collège Harvard de Cambridge, Massachusetts. L'année suivante, il fit un nouveau voyage en Europe au cours duquel sa femme mourut à Rotterdam, et en 1836, il revint en Amérique et commença son travail à Harvard. Entre-temps, alors qu'étudiant et professeur au Collège Bourdoin, il avait écrit plusieurs poèmes et avait fait un certain nombre de traductions de l'espagnol et du français. Entouré d'amis sympathiques dans un milieu agréable de Cambridge, il continua à écrire ainsi qu'à enseigner. En 1842, il refit un voyage en Europe, et l'année suivante, se remariait. Onze ans plus tard, il démissionna de son poste de professeur pour se consacrer uniquement à la littérature. En 1861, ses activités furent interrompues, et sa vie s'assombrit par l'éclatement de la guerre civile et la mort tragique de sa femme. En 1868-69, il fit un dernier voyage en Europe et fut reçu avec tous les honneurs. Il passa les treize dernières années de sa vie principalement à Cambridge. Sa courtoisie et sa bonté étaient proverbiales. Il avait toujours un mot aimable pour chacun, et bien que travailleur acharné, trouva le temps d'apporter de la joie à des milliers d'êtres. Sa mort causa un chagrin universel.

A l'époque de la première publication de l'*Évangéline* de Longfellow, l'actuelle histoire de la déportation des Acadiens avait à peine été étudiée, bien que l'Abbé Raynal eût présenté un rapport émouvant sur les acadiens en 1770, et que Thomas Chandler Haliburton l'ait utilisé dans son *Histoire de la Nouvelle-Écosse,* laquelle fut publiée à Halifax en 1829. Cependant, ni dans les écrits de Raynal, ni dans ceux d'Haliburton, il est question de l'histoire des amants acadiens arrachés l'un à l'autre au moment de la déportation et de leur vie passée à se chercher. La genèse de la narration de Longfellow doit donc être cherchée dans d'autres sources. Il semble que cette histoire ait réellement existée. Elle fut connue de la femme qui maria l'oncle de T.C. Haliburton et qui plus tard en fit part au Révérend Horace Lorenzo Conolly, le recteur de l'Eglise Episcopale St Matthew, située dans la partie sud de Boston. Conolly à son tour la raconta à Nathaniel Hawthorne qui, le 24 octobre 1838, nota dans son journal que Conolly "avait appris d'un canadien français, l'histoire d'un jeune couple de l'Acadie."

"Le jour de leur mariage, il fut ordonné à tous les hommes de la province de se rassembler dans l'église afin d'entendre une proclamation. Lorsqu'ils furent tous réunis, ils furent faits prisonniers et on les embarqua dans le but de les disperser à travers la Nouvelle-Angleterre…parmi eux se trouvait le jeune marié. Sa femme commença ses recherches, errant toute sa vie dans la Nouvelle-Angleterre, et, finalement, alors que très âgée, retrouva son époux sur son lit de mort. Le choc fut si violent qu'elle en mourut sur le coup."

Un ou deux ans plus tard, alors qu'Hawthorne allait dîner avec son ami à Cambridge, il emmena le Révérend M. Conolly avec lui et ce dernier raconta l'histoire à Longfellow. Longfellow écouta la narration avec une attention intense et un profond intérêt, et à la fin de l'histoire exprima ainsi son sentiment: "C'est la plus belle histoire illustrant la fidélité et la persévérance de la part d'une femme qu'il m'ait jamais été donné l'occasion d'entendre ou de lire."

Il fut surpris que cette histoire n'ait pas excité l'intérêt d'Hawthorne, et il lui demanda de la lui donner afin d'en faire un poème. A cette requête, Hawthorne consentit, et il promit de ne pas traiter le sujet en prose jusqu'à ce que Longfellow eut essayé de la façonner en vers.

En 1841, Longfellow fut sans doute poussé dans la continuité de son projet par la parution de deux articles en rapport avec l'expulsion des Acadiens.

L'un était un compte rendu de "L'Enlèvement des

habitants de l'Acadie," lequel Hawthorne inclua dans un petit livre intitulé: *Personnes Agées Célèbres.* L'autre avait pour titre: "Les Exilés de l'Acadie," écrit par l'historien Georges Bancroft, et parut avec quelques vers de Longfellow dans le volume *Les Signes.*

Une autre publication fut, dit-on, une des raisons qui suggéra à Longfellow l'histoire d'*Évangéline.* Cette publication était une nouvelle de Mme Catherine Arnold Williams, intitulée: *Les Français Neutres,* ou *Les Exilés de la Nouvelle-Écosse.* Mais l'histoire de la nouvelle diffère beaucoup de celle du poème, et les ressemblances qui existent sont probablement dues au fait que les deux écrivains utilisèrent les mêmes sources.

De plus, Longfellow avait déjà bien étudié son histoire avant 1841. Douze ans plus tard, il déclara que *L'Évangéline* avait été suggérée non pas par *Les Français Neutres* mais, à sa base, par un ami d'Hawthorne et dans une autre occasion, il dit: "Les autorités sur lesquelles je me suis basé pour écrire *L'Évangéline* furent l'Abbé Raynal et M. Haliburton: le premier pour la vie simple et pastorale des Acadiens, le second pour l'histoire de leur déportation."

Il fut aussi suggéré que dans son manuscrit original, Longfellow ait consulté le journal du Colonel John Winslow des Troupes Provinciales, alors engagé dans le déportement des habitants acadiens de Grand Pré et des colonies avoisinantes, en l'automne de l'année 1755, lequel était conservé à la bibliothèque de la Société Historique du Massachusetts.

Du moins, il est connu que le 3 mars 1841, il emprunta à la bibliothèque d'Harvard les deux volumes de *L'Histoire de la Nouvelle-Écosse* d'Haliburton qui lui servirent de base pour l'histoire de la déportation des Acadiens et dont il se servit également comme toile de fond pour la légende des amants acadiens.

Malgré tout, ce ne fut pas avant le 28 novembre 1845

que Longfellow fut libre de commencer le manuscrit *Évangéline,* un conte de l'Acadie, et ce ne fut que deux ans plus tard que cette œuvre mémorable fut publiée.

La première partie du poème, dont les mots d'ouverture sont: "C'est l'antique forêt" a été déclarée aussi célèbre que "Arma vriumque cano" (l'ouverture de l'*Anaïd* de Virgile) reflète l'impression de Raynal sur la vie acadienne avant le bannissement et l'existence idyllique. Ces mots d'ouverture décrivent les sentiments inspirés par Longfellow au cours de ses voyages en Suède et par ses traductions de l'allemand et du suédois. Non seulement Longfellow a-t-il traduit les œuvres du poète suédois Tegner et *Hermann und Dorothea* de Goethe, mais il publia aussi en 1841 un article intitulé "Vie en Suède," décrivant la vie paisible qu'il trouva parmi les paysans suédois. Il semble que cette description lui fournit la couleur avec laquelle il décrit les paysans acadiens dans l'ouverture d'*Évangéline.*

Bien que l'histoire *Hermann und Dorothea* diffère de celle d'*Évangéline,* on y retrouve une atmosphère similaire de simplicité et de tragédie de l'exil; ce qui justifierait la remarque d'Olivier Wendell Holmes, que Dorothea était la mère d'Évangéline.

Il est aussi possible que l'utilisation de l'hexamètre par Tegner et Goethe encouragea Longfellow à utiliser le mètre dans *Évangéline,* lequel est aussi "mélodieux que le luth d'Apollon." Son manuscrit et son journal indiquent son incertitude quant aux noms donnés à des personnages tels qu'Évangéline elle-même, Gabriel le forgeron et le prêtre.

La première partie du poème a pour décor le village acadien de Grand Pré que Longfellow n'a jamais vu, et contient des fragments du folklore français que le poète avait lus dans les *Contes Populaires* de Pluguet ainsi que dans les chants du *Recueil des Cantiques à l'usage des Missions, Retraites et Catéchismes* lequel fut publié à Québec en 1833.

Dans la seconde partie du poème, Longfellow déploie l'immensité de tout le continent, bien qu'il n'ait jamais vu ni le Mississippi, ni la Louisiane, ni l'Ouest.

A dix-neuf ans cependant, il avait visité et vu la vieille "Alms House" dont il fera le lieu de la dernière rencontre d'Évangéline et de Gabriel.

Là aussi, il avait vu "Un vieux cimetière catholique pas très loin" et c'est là, "Dans la cour de la ville" qu'il imagina "Évangéline et Gabriel enterrés et ignorés."

C'est dans les *annales de Philadelphie* de Watson qu'il prit connaissance de la fièvre jaune de 1793 et décida de décrire Gabriel presque quarante ans après sa déportation de la Nouvelle-Écosse comme une des pitoyables victimes de cette épidémie.

Pour préparer cette partie du poème qui traite du voyage d'Évangéline de l'Ohio au Mississippi, aux Bayous de la Louisiane, Longfellow lut les descriptions écrites par sa soeur pendant son voyage dans l'Ohio, au Mississippi et à la Nouvelle-Orléans, ainsi que plusieurs livres documentaires de même que la *Biographie Ornithologique* d'Audobon et le *Diorama du Mississippi* de Bonvard. Il glana ses informations pour sa description de l'Ouest dans des rapports d'expéditions, des livres de voyages ainsi que dans des livres sur les Indiens, des cartes et *Les Premières Missions Jésuites en Amérique du Nord* de Kip. Ainsi, Longfellow vit la vie américaine à travers les livres de sa bibliothèque, et l'Évangéline du poème est transportée bien loin des territoires de la jeune mariée acadienne de l'histoire de Conolly, laquelle "parcourut la Nouvelle-Angleterre toute sa vie."

Il est clair que lorsque Longfellow écrivit *Évangéline,* il n'écrivit ni un livre d'histoire, ni un livre de voyages, cependant sa sérénité presque majestueuse, sa beauté pathétique, sa profonde sensibilité, sa lente mélodie et l'émotion qui s'en dégagent ont fasciné et ému des milliers de lecteurs… "Je l'ai lu" déclare Hawthorne, "avec plus de plaisir qu'il n'est décent d'exprimer."

Ce livre a été décrit comme étant un mélange d'artificiel et de naturel, ou encore comme une oeuvre d'art dont les personnages auraient pu avoir vécu dans le voisinage. Bien qu'il n'y ait pas de passion et que les scènes d'amour manquent de chaleur, elles ont une délicate beauté, et tout au long du poème, on retrouve une pureté douce et limpide et un air perpétuel d'innocence, de tendresse et de jeunesse. La philosophie de Longfellow sur le monde était essentiellement religieuse et subjective, et sa façon d'agir, hymnaire et lyrique. Il avait un penchant pour les événements de dévotion humaine et de sacrifice, que ce soit dans les légendes, les contes, les épopées ou les fragments de l'histoire américaine. Ces caractéristiques de Longfellow se retrouvent dans *Évangéline,* un poème qui pousse nos pensées vers l'histoire de l'Acadie et des Acadiens ainsi que celle de la Nouvelle-Écosse.

Le mot "Acadie" fut utilisé tout d'abord par les Français pour distinguer la partie maritime de la Nouvelle-France de la partie ouest. Bien que les limites n'aient jamais été clairement définies et furent une raison de guerre entre Anglais et Français, le territoire auquel le nom fut donné comprend aujourd'hui les provinces de la Nouvelle-Écosse, le Nouveau-Brunswick, l'Île du Prince Edouard et certaines parties du Québec et du Maine. Ce ne fut qu'en 1604-05 qu'une première tentative de colonisation eut lieu dans cette région, bien que Cabot ait déjà atteint le Cap-Breton en 1497, que Cartier ait déjà mis pied sur l'Île du Prince Edouard en 1534, et que des essais infructueux eurent lieu à l'Île Sable par l'intermédiaire du Baron de Léry en 1518, et par le Marquis de la Roche en 1598.

De Monts qui rassembla ses immigrants, équipa ses deux navires et partit du Havre de Grâce en avril 1604, acquit les pouvoirs de Vice-roi de même que le monopole des échanges pour une période de dix ans. Son expédition était formée d'un équipage de 150 français comprenant bagnards, paysans, artisans, pêcheurs, soldats, ecclésiastiques catholiques et huguenots, ainsi que de quelques nobles dont Jean de Biencourt, le Baron de Poutrincourt et l'explorateur Champlain.

Personnellement, De Monts était intéressé par les fourrures, les poissons et les minéraux, alors que Champlain était d'avis que la colonisation de l'Acadie était secondaire à la découverte d'un passage vers l'Est et que le coût de l'exploration et de la colonisation devait être financé par le monopole du marché des fourrures. Malgré tout, le Cap la Hève situé sur la côte sud-est de la Nouvelle-Écosse fut atteint en mai, et, après avoir contourné le Cap Sable et remonté la baie de Fundy, les nouveaux venus entrèrent dans le bassin d'Annapolis Royal que Champlain baptisa Port Royal.

Entre-temps, les Français commencèrent leur voyage vers l'ouest, passant par l'embouchure de la rivière St John et remontèrent jusqu'à la baie de Passamaquoddy. Là, De Monts débarqua ses immigrants sur l'Île Dochet, près de l'embouchure de la rivière Ste-Croix. C'est là qu'ils construisirent le hameau de l'Île Ste-Croix, puis les vaisseaux déployèrent leurs voiles et repartirent vers la France, laissant soixante-dix-neuf immigrants décidés à braver l'hiver et le nouveau monde. Cependant, d'ici l'arrivée du printemps, trente-cinq d'entre eux moururent du scorbut, vingt autres échappèrent de justesse au même sort, et en juin, après le retour des vaisseaux amenant des vivres de France, De Monts et Champlain quittèrent cette île dont le sol sableux ne possèdait pas d'eau, en quête d'un site plus hospitalier.

Ils allèrent vers le sud, longeant la côte et établirent des contacts amicaux avec un certain nombre de tribus indiennes, mais connurent des difficultés avec les Indiens du Cape Cod. Ils ne purent trouver de passage vers l'est, ni un lieu suffisamment favorable au développement d'une colonie. Ils décidèrent donc de tenter leur chance à la propriété de

Poutrincourt à Port Royal. En août, ils traversèrent la baie de Fundy et débarquèrent sur le côté nord du Bassin d'Annapolis. C'est ainsi que fut fondée, en 1605, la première colonie agricole par des Européens sur un sol qui est maintenant canadien.

D'autres oeuvres furent aussi amorcées à Port Royal; l'Ordre de Bonne Volonté y fut fondé et tous pouvaient y prendre part. Son but était de préparer des divertissements et de maintenir un bon moral. C'est en ce temps-là, en 1606, qu'intervint Lescarbot, chroniqueur, avocat et fermier, qui écrivit à Port Royal *Le Théâtre de Neptune* qui y fut joué cette année-là.

Poutrincourt, Lescarbot et Louis Hébert, lequel par la suite devint le premier cultivateur du sol québecois, s'engagèrent dans des expériences agronomes. En 1611, vinrent les Jésuites Biard et Massé, les premiers disciples de Loyola à atteindre la Nouvelle-France.

Entre-temps, dû à des intrigues à la Cour de France, De Monts perdit son monopole en 1607; Port Royal fut temporairement abandonné par les Français, et Membertou, le tyran des Micmacs, "L'homme des cent étés" et de "mémoire d'homme le plus terrible des sauvages," et sa tribu devinrent possesseurs de l'Acadie. Trois ans plus tard cependant, Poutrincourt et son fils Charles de Biencourt rétablirent la colonie de Port Royal.

Mais bientôt encore l'histoire fut interrompue. La répercussion des conflits religieux en Europe fit son apparition dans la colonie et en conséquence, en 1613, la communauté Jésuite décida d'établir sa propre colonie au Mont Désert sur la côte du Maine.

Cette décision fut la cause de la destruction de Port Royal par les Anglais de Virginie sous le commandement de Samuel Argall. Cette rivalité internationale aurait pu être prédite à l'avance, car l'octroi fait à De Monts en 1603 de toutes les terres s'étendant entre le quarantième et le quarante-sixième degré de latitude nord avait été suivi de près en Angleterre par un monopole accordé aux compagnies de Londres et de Plymouth, lequel leur donnait les territoires entre le trente-quatrième et le quarante-cinquième parallèle, alors appelés la Virginie.

Ainsi, cette région non seulement comprenait Ste Croix et Port Royal, mais fournissait aussi une base certaine pour des conflits futurs quant au contrôle des Indiens et du commerce des fourrures. De plus, lorsque les Anglais de Virginie apprirent que le roi de France avait fait don de tous les territoires de la côte atlantique, du St Laurent à la Floride, Argall fut nommé Amiral de Virginie en 1612, et ordre lui fut donné non seulement de continuer les opérations de pêches, mais aussi, si l'occasion se présentait, d'expulser les intrus des territoires virginiens.

L'issue de ces rivalités fut, qu'en 1613, Argall fit échouer les efforts des Français du Mont Désert et détruisit la colonie française de Port Royal. Désormais, les seuls Français d'Acadie étaient Biencourt et une maigre poignée de ses compagnons qui errèrent, sans logis, parmi les Indiens jusqu'à ce que finalement Biencourt installa ses quartiers dans la région du Cap Sable. À sa mort en 1623, il légua ses droits sur l'Acadie à son ami et compagnon Charles de la Tour.

Vingt ans passèrent avant que les Français tentèrent un autre effort organisé pour coloniser l'Acadie. Pendant cet intervalle, alors que les missionnaires français du Québec élurent domicile parmi les Indiens dans ce qui est maintenant le Nouveau-Brunswick, les Anglais fondèrent Plymouth, Salem et Boston, et la Nouvelle-Écosse fut accordée à Sir William Alexander. Ils firent plusieurs tentatives de colonisation, lesquelles eurent pour résultat l'établissement du fort des Écossais près du site abandonné de Port Royal et une colonie de courte durée à Baleine dans l'Île du Cap Breton.

Cependant, en 1632, par le traité de St. Germain-en-

Laye, Port Royal fut rendu à la France en échange de la dot de la reine Henrietta Marie, qui était alors impayée. A cette époque, un développement intéressant pris forme dans la double alliance des La Tour, Claude, le père, et Charles, le fils. En apprenant la nouvelle de l'organisation de la compagnie de la Nouvelle-France en 1627, le plus âgé des La Tour alla en France afin de se procurer des armes et des vivres, et pour obtenir du Roi l'autorisation pour son fils de défendre l'Acadie contre les Anglais. A son retour en Acadie en 1628, Claude fut fait prisonnier par les Kirkes et emmené en Angleterre.

Là, il fit alliance avec les Anglais, accepta de Sir William Alexander le don de terres et se fit sacrer Baronnet de la Nouvelle-Écosse, ainsi que son fils, et promis d'avoir ce dernier du côté des Anglais.

Cependant, lorsque Claude revint, son fils apparemment accepta le manifeste, mais refusa de changer de bord à cette époque, et en 1631, fut décoré lieutenant-général de l'Acadie par le roi de France. Par la suite, la patente de Charles, issue par le roi anglais, fut utilisée à l'avantage du jeune La Tour.

Entre 1627, date à laquelle la compagnie de la Nouvelle-France fut organisée, et 1632, quand l'Acadie fut rendue à la France, le projet de colonisation de Richelieu fut interrompu par les actions des Kirkes, mais au cours de la dernière année, on ordonna aux Écossais de rendre l'Acadie; Isaac de Razilly fut nommé lieutenant de la colonie. Il amena avec lui trois cents immigrants qui avaient été recrutés principalement en Touraine et en Bretagne. Ceux-ci formèrent la première colonie de réelle importance en Acadie. Razilly s'établit à la Hève. Après sa mort en 1635, son cousin, compagnon et successeur, Charles de Menou, Sieur d'Aulnay Charnisay, installa ses quartiers à Port Royal, environ six milles plus loin que l'original Port Royal et sur la rive opposée de la rivière.

Entre 1632 et 1654, la possession de l'Acadie fut laissée aux Français, sans ennuis de la part des Anglais, mais elle était déchirée par des rivalités pour la suprématie entre les dirigeants français. La commission de La Tour lui donnant complète autorité sur toute l'Acadie n'avait apparemment jamais été annulée et il avait établi sa résidence à l'embouchure de la rivière St John. Il disputa à Charnisay le contrôle de l'Acadie et même la décision du roi de France de partager le territoire entre eux ne fut pas suffisante pour prévenir leur lutte pour la suprématie dont le dénouement fut une guerre ouverte. Il semble que les lauriers allaient être décernés à Charnisay, quand en 1645, le Fort St John fut pris malgré la résistance héroïque de Madame La Tour, pendant l'absence de son mari.

La Tour lui-même fut ruiné et forcé à l'exil. Mais la victoire de Charnisay fut de courte durée. Il mourut en 1650, et l'année suivante, La Tour revint en Acadie. Il consolida sa position dans la colonie par l'intermédiaire d'un nouveau contrat et aussi en épousant la veuve de son vieux rival Charnisay.

Cependant, le conflit dans la colonie n'était pas encore terminé, car le créditeur de Charnisay, Le Borgne, réclamait l'entière propriété de son débiteur et s'efforçait d'expulser La Tour et Nicolas Denys qui étaient engagés dans des opérations de pêche le long de la côte acadienne. Cette lutte connut une fin brutale en 1654 lorsque le pays tomba de nouveau aux mains des Anglais. La Tour se servit alors adroitement de ses droits accordés par le Roi Anglais. Ses revendications lui furent accordées et il obtint l'autorisation de conserver son poste à la rivière St John où il demeura jusqu'à sa mort en 1666.

Pendant ce temps, bien que le développement de la colonie ait été gêné par des rivalités internes, plusieurs petites additions furent faites à la population. Entre 1639 et 1649, Charnisay avait amené un certain nombre d'immigrants de France, et, en 1651, quelques autres accompagnèrent La Tour à son retour à la colonie. De plus, La Tour eut cinq enfants de son second mariage, lesquels à leur tour se marièrent et s'établirent en Acadie.

De 1654 à 1667, les Anglais possédèrent le majeur contrôle de la colonie et bien qu'elle fut rendue à la France par la traité de Bréda au cours de la dernière année, ses postes furent finalement, avec répugnance, abandonnés aux Français par Sir Thomas Temple en 1670.

Les quarante dernières années de l'Acadie sous contrôle français, de 1670 à 1710, comprennent une lente période de paisible progrès suivie d'une autre, marquée d'invasions et de querelles internationales. Ces années se terminèrent par la prise finale de Port Royal et son changement en Annapolis Royal, la capitale de la Nouvelle-Écosse.

Un certain développement se produisit dans l'accroissement de la population. En 1671, cette dernière qui était d'environ 400, sans compter les officiels et les soldats, reçut un complément de France de cinquante-cinq hommes et cinq jeunes femmes. Ces derniers furent ajoutés à la famille de La Tour, aux 300 immigrants qu'avait amenés Razilly, aux quelques colons qui suivirent Charnisay ou accompagnèrent La Tour en 1651, et aux soldats et pêcheurs qui choisirent de rester dans la colonie. En 1710, la population atteignit presque 2,100 habitants, répartis principalement dans les districts de Port Royal, Minas et Chignecto.

Ces gens formaient une communauté unie, homogène et presque suffisante à la survie de la colonie. Dans l'ensemble, ils étaient heureux, vigoureux et vertueux, attachés à leur religion et à leurs traditions, influencés par les environs et presque indépendants du monde extérieur.

Néanmoins, des descriptions datant du milieu et de la fin du dix-huitième siècle et qui sont des rapports faits par des soldats qui avaient peu de sympathie pour eux et aussi par d'autres observateurs d'une époque trop éloignée pour s'être rendus compte que ce fut l'âge d'or de ce peuple, les accusant d'être entêtés, litigieux, paresseux et superstitieux.

Il semble qu'ils étaient obstinés, bien qu'il était possible de les mener où ils ne voulaient pas être conduits. Des rapports indiquent qu'ils étaient querelleurs, cependant, ne refusaient pas d'arbitrer leurs différends. Ils n'étaient peut-être pas des paragons de l'industrie, mais étaient consciencieux dans leur recherche d'un confort modeste.

Leurs désirs étaient simples et facilement satisfaits par la fertilité d'un terrain marécageux qui ne demandait pas un travail excessif. Certains, en contact avec l'Europe, les considéraient superstitieux, mais dans l'ensemble, leurs prêtres semblaient satisfaits de leur piété. Ils montrèrent peu de passion pour l'éducation, bien qu'à une époque où l'instruction était réservée à une minorité, ils n'étaient pas plus illettrés que des peuples identiques en d'autres endroits.

Beaucoup d'entre eux étaient originaires des bas pays de leur contrée natale et étaient donc familiers avec la technique de construction des digues. Ils surent se servir de ces avantages dans les landes marécageuses à l'embouchure des rivières à marées de l'Acadie, particulièrement sur le bassin de Minas et sur l'isthme de Chignecto.

En été, le plupart des hommes étaient occupés par l'agriculture, en hiver, par la coupe du bois et la chasse. Leurs potagers produisaient des choux, "toutes sortes d'herbes et de légumes," les pois étaient "tellement couverts de graines qu'il fallait le voir pour le croire." Le blé poussait bien et les pommiers et poiriers importés de France prospéraient. Les poissons étaient abondants dans les courants et les rivières.

Les Acadiens avaient aussi de larges troupeaux de bétail, cependant "ils ne furent jamais capables de faire un beurre comestible, ayant l'habitude de conserver leur lait dans des petites chopes qui le rendaient rapidement épais et aigri et qu'ils mangeaient voracement."

Les femmes avaient une attirance particulière pour les couleurs vives et étaient toujours désireuses d'obtenir des tissus anglais écarlates. En hiver, elles s'occupaient à tricoter, filer et tisser la laine, le lin et le chanvre. Avec ces matières et des fourrures d'animaux sauvages, elles faisaient des vêtements confortables et parfois pittoresques.

Un aperçu de ce genre de neutralité qui devint de plus en plus évidente parmi ce peuple entre 1713 et 1755 peut être facilement discerné entre 1689 et 1697, qui fut une période de guerre entre la France et l'Angleterre, à la fois en Europe et en Amérique.

Les Acadiens de la péninsule ne prirent aucune part à cette guerre, bien que des rafles qui prirent naissance en France et au Québec furent dirigées contre la Nouvelle-Angleterre depuis le territoire acadien, et qu'un certain nombre de corsaires se procurèrent des munitions et des vivres de l'Acadie et y ramenèrent leurs butins.

De plus, pendant ces années, le commerce entre l'Acadie et la Nouvelle-Angleterre continua comme d'habitude, sans encombres. Le siège du gouvernement français s'installa sur la rivière St Jean, d'abord à Jemseg, puis à Nashwaak et finalement à l'embouchure même de la rivière.

La guerre, évidemment, était une lutte pour déterminer les limites entre la Nouvelle-France et la Nouvelle-Angleterre. L'Acadie n'était rien de plus qu'un pion sur l'échiquier. L'opinion du ministre français sur l'Acadie fut révélée dans ses instructions à Villebon, en 1696, proclamant qu'il devait informer les Acadiens de Port Royal que le Roi n'avait pas abandonné l'idée de les protéger et de les soutenir et qu'il devait les maintenir en bons termes avec les Anglais pour leur propre sauvegarde et qu'ils ne devaient pas marchander avec eux plus qu'il n'était nécessaire.

L'attitude des Acadiens vis-à-vis de la guerre et du gouvernement pendant les années suivantes sous contrôle Français, peut être en partie expliquée par les commentaires du gouverneur de Brouillan. En octobre 1701, il rapporta que les habitants de Minas étaient si peu habitués au gouvernement, qu'il lui semblait qu'ils vivaient comme des républicains, ne reconnaissant ni l'autorité royale, ni la justice. Deux ans plus tard, il déclara qu'ils avaient comploté et après un rassemblement armé, prirent position en faveur d'une véritable sédition et proclamèrent publiquement qu'ils se rendraient aux Anglais si la situation se présentait.

Avec la chute de Port Royal en 1710, le siège du gouvernement qui y était établi depuis 1701 tomba aux mains des anglais. D'après les termes de la capitulation, il avait été entendu que la garnison quitterait les lieux avec les honneurs militaires et serait rapatriée en France par des navires anglais et que les habitants dans un rayonnement de trois milles du fort pourraient "demeurer dans leurs propriétés avec leur maïs, animaux et meubles pendant deux ans, s'ils ne désiraient pas partir avant, ils devraient alors jurer loyauté et fidélité à Sa Majesté Sacrée de Grande-Bretagne."

Les années entre la capitulation de Port Royal en 1710 et le traité d'Utrecht en 1713 furent une période d'intenses difficultés et d'anxiété considérable pour les conquérants. En accord avec les termes de la capitulation, le Gouverneur Vetch administra le serment de fidélité et de loyauté aux habitants de la banlieue, une région de trois milles entourant le fort. Il établit un tribunal afin de juger les conflits et s'efforça, de son mieux, à organiser les lois militaires à Annapolis Royal.

Il dut faire face à d'innombrables problèmes: les Indiens étaient hostiles et, comme il était possible de le prévoir dans un état de guerre toujours présent, les émissaires des Français essayèrent de faire les Acadiens se révolter contre leurs maîtres anglais.

Les soldats avaient besoin de vêtements d'hiver et leur paie était en retard; le fort avait besoin de réparations et la trésorerie militaire était à sec. Ne recevant assistance ni de Boston, ni de Londres, la seule ressource qui restait à Vetch semblait être d'imposer les habitants. C'est ce qu'il fit et bien que les Acadiens plaidèrent pauvreté, il réussit, avec l'aide de l'armée renforçant son ordre, à collecter au moins une partie du tribu, non seulement de la population de la banlieue sur laquelle il avait autorité, mais aussi des habitants de Minas et de Chignecto qui n'étaient pas inclus dans la capitulation.

Le premier hiver s'écoula non sans inconfort, privations et anxiété, mais sans incidents sérieux. Le flou de la situation des habitants en dehors des limites de la banlieue, était, pour eux, une cause certaine de malaise. Ils sollicitèrent du gouvernement des termes de protection et offrirent, ainsi que Vetch le rapporta, de prêter serment. Il leur répondit qu'il ne pouvait leur accorder aucune protection jusqu'à ce que des ordres exactes de Sa Majesté lui parviennent; mais que s'ils se comportaient paisiblement, il ne leur causerait pas d'ennuis pendant l'hiver.

Cependant, en juin survint un désastre. Pendant un certain temps, les Acadiens s'étaient conformés à l'ordre de couper le bois nécessaire à la restauration du fort et de le livrer à Annapolis Royal. Puis, ils abandonnèrent, craignant les Indiens, alliés des Français qui, dirent-ils, menaçaient de les tuer s'ils aidaient l'ennemi.

Sur ce, Vetch ordonna à un officier d'emmener soixante-quinze hommes et d'informer les habitants que s'ils amenaient le bois, ils recevraient protection, mais que s'ils refusaient ou retardaient les opérations, il faudrait les intimider. Les troupes partirent, mais tombèrent dans une embuscade organisée par des Français et des Indiens et les soixante-quinze hommes furent tués ou faits prisonniers.

Quatre jours après le guet-apens, Vetch écrivit en ces termes à Lord Dartmouth: "…quant à l'État civil des Habitants en Général, aussi bien Français qu'Indiens, un profond sentiment de malaise persiste; ceux de la banlieue (peu nombreux) qui ont juré Fidélité à Sa Majesté, sont menacés et inquiétés par les autres qui les considèrent comme Traitres et leur font croire que les Français reposséderont bientôt la région et qu'ils seront alors ruinés." La situation était alors devenue critique car, en raison de la mort et de la désertion, l'effectif de la garnison avait diminué.

"Le mieux," déclare Mascarène, "était alors de conserver possession de ce que nous avions, le Fort et la partie basse de la ville..." Des précautions furent prises en conséquence: une tranchée fut creusée et "aucun officier et seulement la moitié des soldats et encore devaient-ils être en uniformes et en possession de leurs armes, avaient le droit de dormir la nuit, mais la garnison n'aurait pas pu survivre longtemps dans de telles conditions d'épuisement et de difficultés—si les nouvelles de l'arrivée de Votre Excellence (Nicholson) à Boston et l'immense flotte qui suivit n'avait remonté le moral des troupes pour ainsi dire inexistant."

Ailleurs en 1711, l'expédition canadienne, alors en suspens, reprit ses préparatifs, mais aucune aide n'arriva à Annapolis Royal jusqu'à l'année suivante quand une bande de Mohawks de New York vint à l'aide de la garnison. Les Acadiens cependant, étaient en état de rebellion. Aussi longtemps qu'ils crurent que leurs compatriotes reconquièreraient l'Acadie, tous les efforts pour s'assurer de leur fidélité à la Reine Anne échouèrent.

Finalement, en avril 1713, la question de la possession du pays fut réglée par le traité d'Utrecht. D'après les termes de ce traité, la France conservait l'Île Royale (l'Île du Cap-Breton) et l'Île St Jean (l'Île du Prince-Edouard), et cédait toute la Nouvelle-Écosse et l'Acadie "y compris ses anciennes limites" à l'Angleterre.

La question du serment de fidélité, le problème des frontières et les vues des gouvernements français et anglais vis-à-vis de l'un et de l'autre formèrent l'arrière-plan des développements de la Nouvelle-Écosse entre 1713 et 1755.

D'après les accords du traité d'Utrecht, les Acadiens étaient libres de "déménager pendant l'année suivante, comme ils le désiraient, emmenant tous leurs effets personnels et transportables" et ceux qui resteraient "seraient sujets du Royaume de Grande-Bretagne" et "autorisés à pratiquer librement leur religion, en accord avec les coutumes de l'Église de Rome, pour autant que les lois de la Grande-Bretagne leur accordent le même privilège."

Ces termes furent confirmés par un décret de la Reine Anne daté du 23 juin 1713 et transmis à Francis Nicholson par Lord Dartmouth. La Reine déclara que, comme le roi de France "avait selon notre désir, rendu la liberté, à bord de ses galères, à certains de ses sujets détenus pour avoir professé la religion Protestante, nous, étant désireuse de faire preuve de notre faveur vis-à-vis de ses sujets, avec obligeance nous prenons connaissance de sa déférence, et avons jugé juste de signifier notre accord et plaisir de permettre à ceux-ci d'occuper des terres dans les pays sous votre gouvernement en Acadie et Terre-Neuve, qui ont été, ou nous seront données en vertu du dernier traité de Paix et sommes d'accord de laisser à nos sujets la possession et jouissance des dites Régions, sans problèmes ou persécutions, aussi complètement et librement de même que ceux de nos sujets ont, ou peuvent posséder leurs propriétés, ou de les vendre s'ils choisissent de s'en aller..."

Après le traité d'Utrecht, le gouvernement français déplaça sa garnison de Placentia à Terre-Neuve, à Louisbourg dans l'Île Royale, où une puissante forteresse devait être rapidement construite, et s'efforça à décider les Acadiens à s'installer dans cette île et à conserver son influence sur ces derniers et les Indiens de la Nouvelle-Écosse.

Le gouverneur du Canada, Vaudreuil, envoya Saint Castin à ce qui est maintenant le Nouveau-Brunswick, avec ordre d'y garder les Indiens dans l'intérêt des Français et de les persuader que les terres étaient les leurs et non pas territoire anglais, malgré l'abandon de l'Acadie par le roi de France.

Dès le 23 septembre 1713, Félix Pain, le missionnaire français de Minas, informa Costebelle, gouverneur de l'Île Royale, que les Acadiens étaient contre l'abandon de leurs terres en Nouvelle-Écosse, d'où ils obtenaient leur substance, sans aucune aide, pour aller à l'Île Royale où ils devraient défricher de nouvelles terres—mais ils ne jurèrent jamais fidélité à la reine d'Angleterre, contre leur Roi, leur pays et leur religion, et ils quittèrent leurs terres avant de trahir, même de la façon la plus minime, leur loyauté à leur Roi et à leur loi.

Le 30 novembre, Costebelle, écrivant de Placentia au ministre en France, exprima sa méfiance des Acadiens et les accusa d'être un peuple égoïste et vain, ayant adopté les coutumes des Indiens. Il décommanda d'essayer d'obtenir leur aide et proclama qu'il serait plus favorable d'acheter des esclaves. Entre-temps, le 5 novembre 1713, à Annapolis Royal, le Colonel Caulfield rendu compte qu'il avait rassemblé les habitants de cet endroit et leur avait fait part de la bonté de Sa Majesté à leur égard, et que la majorité d'entre eux semblait extrêmement satisfaits et disposés à demeurer dans leurs plantations, "ce qui, d'après mon humble opinion, sera de grand service pour cette garnison et quant aux autres, le plus vite nous en serons débarassés, sera le mieux…"

En 1714, des officiers de Louisbourg visitèrent les colonies acadiennes de Nouvelle-Écosse et, avec la permission des autorités britanniques, expliquèrent aux Acadiens français les plans pour leur déplacement à l'Île Royale. Les Acadiens furent presque unanimes à signer la déclaration de leur désir de partir. Les émissaires français avaient demandé qu'un an fût accordé pour cet exode, afin que des navires puissent être construits et que de l'aide fût obtenue de France pour le transport des biens et du bétail.

Mais "l'année" du traité d'Utrecht s'était déjà écoulée et Nicholson, ainsi que son Conseil d'officiers à Annapolis

Royal, bien que désireux d'accorder complète liberté et d'apporter assistance aux officiers français dans leurs démarches, répliquèrent que leur réponse à cette requête devait attendre les instructions d'Angleterre. Pendant l'hiver, Les Lords des Échanges en Angleterre considérèrent le problème, et se basant sur les faits que la perte es Acadiens et de leur bétail signifierait la ruine de la colonie et une puissance supplémentaire pour Louisbourg, alors que s'ils étaient obligés de rester, serviraient de bouclier contre les Indiens, décidèrent que les Acadiens devaient demeurer.

Les problèmes changèrent. Après leur première tentative de persuader les Acadiens d'aller dans l'Île Royale, les Français retombèrent dans l'inaction et virent l'avantage de les garder sous influence française dans un territoire anglais. En outre, en Europe, les gouvernements faibles et malades de Philippe d'Orléans, Régent de France, et de Georges I, roi d'Angleterre, avaient besoin de paix pour leur propre sécurité; et, alors que dans les années suivantes ces pays s'allièrent dans une guerre contre l'Espagne, la question des Acadiens et du serment de fidélité semblait de moindre importance.

A l'accession de Georges I en 1715, les Acadiens furent requis de prêter serment au nouveau monarque, mais ils refusèrent et lorsque Jean Doucett arriva comme Lieutenant-Général en 1717, il fut informé par les Acadiens que "les habitants Français n'avaient jamais considéré Sa Majesté, possesseur de Son Continent de la Nouvelle-Écosse en Acadie." Ils déclarèrent leur refus de prêter serment jusqu'à ce que certains moyens de protection leur soient garantis contre les Indiens, et au cas où ces moyens ou d'autres ne prirent corps, ils avisèrent qu'ils ne prendraient les armes, ni contre Sa Majesté Britannique, ni la France ou aucun de leurs sujets ou alliés.

Pendant ce temps, la question du serment sans conditions et les effets de l'influence des Français sur les Acadiens étaient des sources de problèmes pour les autorités anglaises. Les Acadiens refusaient de prêter serment sans être dispensés de prendre les armes et il semblait évident que l'influence des Français en Nouvelle-Écosse continuerait tant que les prêtres des Acadiens seraient Français au lieu d'Anglais, payés par le gouvernement français et sous la commande de l'Évêque de Québec, et pour aussi longtemps que les Français étaient capables de se servir des avantages de leur alliance avec les tribus Indiennes.

Lorsque le Gouverneur Philipps arriva à Annapolis Royal en 1720, les Acadiens de ce district rapportèrent qu'ils n'étaient pas libres de prêter serment, parce que, à l'époque de Nicholson, ils avaient promis unanimement de continuer à être sujets français et de se retirer au Cap-Breton, et que de plus, ils étaient certains d'avoir la gorge tranchée par les Indiens "dès qu'ils deviendraient sujets anglais." Ils exprimèrent leur très grande surprise "à l'arrivée du Chef Gouverneur à laquelle ils ne s'étaient jamais attendus, disant souvent que Person n'était pas né..."

"C'est une tâche difficile et gênante (dans mes circonstances)" écrivait Philipps, "de manier un Peuple, qui ne croira pas, ni n'entendra raison, (à moins qu'elle ne sorte de la bouche de ses prêtres) en même temps de conserver l'Honneur et la Dignité du Gouvernement."

"Si les Acadiens sont autorisés," continue Philipps, "à conserver la position qu'ils proposent, il est très probable qu'ils seront obéissants au gouvernement pour aussi longtemps que les Deux Couronnes continuent leur alliance, mais en cas de rupture, seraient un grand nombre d'ennemis dans notre milieu et je ne vois ni espoir ni possibilité d'en faire des sujets Anglais, à moins que des arrangements soient faits pour que ces prêtres fussent rappelés, lesquels sont décidément contre le Régent, ne s'obstinant pas à proclamer ouvertement que c'est son tour maintenant, mais que ce sera bientôt le leur, et d'avoir d'autres envoyés pour les remplacer, ce qui (tout au plus) peut contribuer en peu de temps à produire certains changements dans leurs opinions et à leur donner l'opportunité d'ouvrir les yeux qui, jusqu'à maintenant, sont fermés même dans leur propre intérêt..."

Il suggéra aussi une nouvelle forme d'occupation du territoire pour les Acadiens, "au lieu de les retenir, comme à l'heure actuelle, des Lords du Manoir qui sont maintenant au Cap-Breton, où ils paient leur dû." Jusqu'à maintenant, dit-il, ceci n'a été qu'un "gouvernement factice. Son autorité ne s'étendant jamais au-delà d'une portée de canon de ce fort."

De la façon dont les choses se présentaient, il pensa qu'il serait plus à l'honneur de la Couronne, et aussi à son profit, de rendre le pays à la France plutôt que de se contenter du titre de gouvernement et de ses charges, "pendant qu'ils ont la loi et s'en servent comme instrument pour supporter leur colonie de Cap-Breton."

Un "modus vivendi" continua dans une gêne évidente, mais les Acadiens qui s'accroissaient en nombre et prospéraient par la vente de leurs produits à la garnison, de même qu'en contrebande avec le Cap-Breton et leur commerce avec la Nouvelle-Angleterre, s'entêtaient dans leur refus de prêter serment.

En 1720, Philipps leur ordonna de jurer fidélité ou de quitter le pays dans un délai de quatre mois. Ils refusèrent encore et il leur fut interdit de construire une route par laquelle ils pourraient s'en aller.

En 1726, Armstrong resouleva la question. Il eut peu de difficultés dans le district d'Annapolis quand il accorda une clause les dispensant de prendre les armes; mais à Minas et Chignecto, les habitants refusèrent de prêter serment à qui que ce soit d'autre que leur propre Roi de France.

Après l'accession de George II en 1727, le porte-drapeau Wroth, qui fut commissionné pour proclamer le Roi et obtenir la soumission du peuple, leur promit, de sa propre autorité, la liberté dans l'exercice de leur religion, les dispensant de prendre les armes, ainsi que la liberté de quitter la colonie à n'importe quel moment.

Mais Armstrong refusa de ratifier ces concessions, et le Conseil les déclara nulles et non avenues, bien qu'ils étaient d'avis que comme les habitants "avaient signé et reconnu Sa Majesté, et admis son titre et autorité sur cette province, ces derniers avaient droit aux libertés et privilèges de sujets Anglais."

C'était tout ce que les Acadiens désiraient. La commission de Wroth, cependant, ne s'étendait pas à Annapolis et lorsque ses députés furent convoqués, ils organisèrent eux-mêmes une réunion et passèrent une résolution consistant à prêter serment sous les conditions de Wroth. Cela déplut au Conseil qui ordonna l'arrestation des députés et interdit aux autres de pêcher sur les côtes anglaises. La décision prise à Annapolis Royal et aux autres colonies était donc incohérente.

En l'absence du Gouverneur Philipps de la colonie, son lieutenant Armstrong eut certains différends avec les prêtres français, particulièrement avec l'Abbé Breslay, qui eurent pour résultat que lorsque le Gouverneur revint en 1729 et qu'Armstrong obtint une permission, le retour de Philipps fut apprécié par les Acadiens.

Il confirma immédiatement l'Abbé Breslay dans sa paroisse et les Acadiens signifièrent leur plaisir à ces changements en prêtant le serment suivant: "Je promets et jure sur la foi d'un chrétien que je serai fidèle et me soumettrai à Sa Majesté le roi Georges II, lequel je reconnais comme Seigneur Souverain de la Nouvelle-Écosse et de l'Acadie."

Le printemps suivant, Philipps obtint la soumission des habitants des autres districts, après leur avoir promis, apparemment, qu'ils n'auraient pas à prendre les armes contre les Français ou les Indiens.

Philipps pensait alors qu'il pouvait féliciter Les Seigneurs des Échanges pour "l'entière soumission de ce peuple si longtemps obstiné," et Sa Majesté, "pour l'acquisition de si nombreux sujets."

Mais le triomphe de Philipps était surtout superficiel, car comme il le déclara lui-même, "pour être certain à tout égard de cette sécurité, d'autres précautions sont requises, car il est évident que toute la sécurité de cette Province repose définitivement sur la perpétuation de cette union (entre les Couronnes de Grande-Bretagne et de France), quand cette dernière cesse, le pays devient une proie facile pour nos voisins, étant, dans l'état actuel, incapables de résister et Canso (laquelle est l'envie et rivale du Cap-Breton parmi les pêcheries) sera à coup sûr la première attaquée, ce qui ne prendrait pas plus de six ou sept heures de marche pour la posséder."

"Mais je suis seulement le guetteur" ajouta-t-il, "Signifiant et indiquant les dangers; il appartient à Vos Seigneurs de les prévenir."

Il pensait que maintenant le temps était venu de "mettre prise sur les Acadiens." C'était, pensait-il, "une malchance que par cette acquisition nous ne soyons pas un brin plus près d'une forme régulière de gouvernement, leur religion les disqualifiant pour faire partie de la Législature."

Qu'ils doivent ou non payer des impôts pour le soutien du gouvernement et à quel degré, et qu'ils soient ou non obligés d'appliquer certaines fonctions sur leur propriété à la Couronne "à laquelle ils sont maintenant devenus sujets," étaient des problèmes pour lesquels il attendait des ordres et des instructions particulières.

Quand la Guerre de Succession d'Autriche s'étendit en Amérique, après les déclarations de guerre des Anglais et des Français, en mars 1744, la prédiction de Philipps concernant le danger de Canso fut confirmé. Les nouvelles de la guerre atteignirent Louisbourg avant d'arriver à Boston et Du Vivier, de Louisbourg, était donc favorisé pour attaquer Canso et la prendre sans résistance.

Plus tard cette année-là, une bande d'Indiens apparemment accompagnée par l'Abbé Maillard, marcha sur Annapolis Royal. Devant ces invasions, les Acadiens restèrent neutres. Ils refusèrent de joindre les Indiens dans leur attaque contre Annapolis Royal et lorsque les Indiens se retirèrent, à l'arrivée de l'aide en provenance de Boston, ils retournèrent à leurs emplois au fort.

Quand Du Vivier et les troupes françaises s'approchèrent d'Annapolis Royal, cette même année, les Acadiens leur fournirent des vivres mais déclarèrent que Du Vivier avait menacé de les laisser aux mains des Indiens s'ils refusaient. Lorsque les Français décidèrent de passer l'hiver à Chignecto, les Acadiens objectèrent et finir par les dissuader.

Au mois de mai de l'année suivante, une armée de Canadiens et d'Indiens envahit Annapolis, et, de nouveau, les Acadiens refusèrent de prendre les armes, bien qu'ils aidèrent les envahisseurs en leur fournissant des vivres.

Piqués par l'action de telles rafles, les habitants de la Nouvelle-Angleterre, avec l'aide d'un escadron naval anglais ripostèrent par la prise de Louisbourg, en 1745, et la population de la ville, civile et militaire, fut déportée en France.

L'année suivante, le gouvernement français envoya l'extraordinaire expédition de d'Anville à travers l'Atlantique, avec ordre de reposséder Louisbourg, de prendre les Anglais sur la côte américaine, et enfin, de faire une visite aux îles de cannes à sucre des Antilles.

Tempêtes, malchance et épidémies décimèrent cette expédition, bien que plusieurs navires parvinrent à Chebucto en Nouvelle-Écosse, où Le Loutre agissait en temps qu'intermédiaire entre la flotte et les troupes canadiennes de Ramesay mais il échoua dans sa mission.

Ramesay, alors, se retira à Chignecto où il fut rejoint par

une bande d'Indiens menée par l'Abbé Le Loutre et s'efforça de convaincre les Acadiens de lutter contre les Français. Les Nouveaux Anglais, sous le commandement du Colonel Arthur Noble, furent envoyés à la rescousse de la Nouvelle-Écosse.

En décembre, ces Nouveaux Anglais, avec l'aide d'un petit nombre de soldats de la garnison d'Annapolis, décidèrent d'expulser les Canadiens de la colonie. Ayant atteint Grand Pré, dans la région de Minas, ils choisirent de repousser leur opération jusqu'au printemps et de passer l'hiver avec les Acadiens de Grand Pré.

La force française ayant eu vent de la situation de Noble à Grand Pré, décida malgré la neige profonde, de l'attaquer par surprise, en force et de nuit. Au début de février, au milieu de la nuit, les Anglais furent attaqués, soixante d'entre eux furent tués, soixante-dix blessés et le reste se rendit.

L'armée française retourna alors à Chignecto et Ramesay fit une proclamation aux habitants de Grand Pré, les avisant que "en vertu de cette conquête, ils devaient maintenant jurer fidélité au Roi de France" et leur défendant "d'avoir quelques communications que ce soit avec les habitants de Port Royal." Mais cet ordre eut peu d'effet, car à peu d'exceptions, les Acadiens conservèrent leur attitude antérieure et refusèrent de s'armer pour la France, même sous la présence de troupes françaises. Connaissant le sort que fut celui des Français de Louisbourg et ayant entendu des rumeurs que le Canada, non seulement allait être envahi, mais qu'ils connaîtraient un sort identique, les Acadiens montrèrent un certain malaise.

Pour apaiser leur angoisse, le Duc de Newcastle ordonna au Gouverneur Shirley du Massachusetts d'assurer les Acadiens "qu'il n'y avait pas le moindre sujet à aucune appréhension de cette nature, mais que c'était au contraire la résolution de Sa Majesté de continuer à maintenir protection pour chacun d'entre eux, et qu'ils devaient de même continuer leur devoir de fidélité à Sa Majesté dans la tranquille et paisible possession de leurs habitations et colonies, et qu'ils devaient continuer à jouir librement de leurs privilèges religieux."

Bien que Shirley omit la clause relative à la religion dans sa proclamation et expliqua qu'il en serait ainsi pour le meilleur intérêt, cette proclamation, dans l'opinion de Mascarène, eut un effet favorable.

Les événements de ces années prouvèrent que la situation de la Nouvelle-Écosse demeura incertaine, car les seuls immigrants d'origine anglaise dans la colonie faisaient partie de la petite garnison d'Annapolis Royal, et, de temps en temps, quelques soldats et pêcheurs du port de pêche d'été de Canso, pour autant que les Français maintinrent une base à l'Île du Cap-Breton et puissent exercer de Québec leur influence, et envoyer leurs forces sur la péninsule par l'isthme de Chignecto.

Ce dernier était demeurer Anglais, dû au fait que l'ensemble des Acadiens était resté neutre et aussi parce qu' à des moments cruciaux, le renforcement de la Nouvelle-Angleterre avait été décisif.

Évidemment, l'influence des habitants de la Nouvelle-Angleterre fut très importante, car les marchands et pêcheurs de cette région avaient été depuis longtemps actifs dans la colonie et le long de ses côtes. Ses citoyens, en général, étaient très sensibles à la menace d'un Louisbourg français, et son gouverneur, ainsi que d'autres, incluant Mascarène, administrateur de la Nouvelle-Écosse de 1740 à 1749, voulaient en faire un bouclier contre la Nouvelle-Angleterre.

Finalement, en 1749, le gouvernement anglais, bien qu'il eût rendu Louisbourg à la France par le traité d'Aix-la-Chapelle l'année précédente, essaya pour la première fois de coloniser la Nouvelle-Écosse et d'établir une colonie sur la côte océanique, en face d'Halifax, qui devait être, non seulement la contrepoids de Louisbourg, mais aussi un centre de commerce et une base pour la pêche.

Cette année-là, environ 2700 immigrants furent amenés

d'Angleterre. En très peu de temps, un nombre considérable de Nouveaux Anglais s'établirent là et formèrent rapidement l'élément majeur de la population.

Entre 1750 et 1753, deux ou trois mille "protestants étrangers" furent amenés d'Europe en Nouvelle-Écosse où on leur donna des femmes. Mais la menace des Français et des Indiens força les autorités anglaises à garder ces immigrants à Halifax pendant plusieurs années. Le Colonel Cornwallis, le nouveau gouverneur de la Nouvelle-Écosse, fit une proclamation contenant "La déclaration de Sa Majesté concernant les habitants Français de Nouvelle-Écosse" et donnant trois mois aux Acadiens pour prêter serment.

Une fois de plus, ils refusèrent; et comme cela s'était produit auparavant, le gouverneur s'inclina, s'appuyant sur le fait que les Acadiens qui avaient déclaré qu'ils partiraient, plutôt que de prêter serment, ne pouvaient immigrer en cette saison, et qu'entre-temps, il pouvait utiliser leurs services à son avantage.

De plus, au début de l'année suivante, les Français vinrent de nouveau dans l'isthme de Chignecto où ils s'installèrent et essayèrent de confiner les Anglais dans certaines parties de la péninsule. Si les Acadiens quittaient la colonie, ils augmenteraient la force de l'ennemi déjà très proche et présenteraient une réelle menace quant à l'existence des colonies anglaises.

La question du serment fut donc de nouveau repoussée, et Cornwallis déclara aux Acadiens, en 1750, alors que la majorité d'entre eux décidèrent d'immigrer, contre leur propre gré, mais sous la menace et les ordres des Français, qu'il leur donnerait la permission de partir aussitôt que la situation serait tranquille, mais que dans les circonstances actuelles, aucun passeport ne pouvait être accordé, le nombre des Acadiens de la Nouvelle-Écosse avait alors augmenté de moins de 2100 en 1710, à environ 10,000.

Avec la fondation d'Halifax, les autorités françaises de Louisbourg ordonnèrent à l'Abbé Le Loutre, missionnaire des Indiens, d'abandonner ses quartiers de Shubénacadie et d'évacuer sa bande à Beauséjour, sur l'isthme. Et, lorsque le Colonel Lawrence fut envoyé dans l'isthme au début de 1750, les Micmacs de Le Loutre s'opposèrent à son débarquement, et les troupes françaises, sous le commandement de La Corne, étaient tellement supérieures que Lawrence retourna à Halifax avec ses troupes et ses immigrants.

Entre-temps, Le Loutre qui n'avait pu empêcher les Anglais d'atteindre le village Acadien de Beauséjour et qui désirait protéger les Acadiens contre la présence contagieuse des Anglais, brûla le village avec l'aide des Indiens, forçant ainsi la population acadienne de l'endroit à s'installer dans le camp français de Beauséjour, situé à proximité.

Alors, commença la dispersion des Acadiens qui, sous la pression des Français, immigrèrent en telles quantités, qu'en 1752, 2000 d'entre eux se trouvèrent dans l'Île St Jean et 700 dans l'Île Royale. Entre temps, en septembre 1750, Lawrence atteint le nouveau Chignecto où il établit le Fort Lawrence face au Fort Beauséjour, malgré l'opposition des Indiens et de quelques Acadiens.

Peu de temps après, le Capitaine Howe, un des officiers anglais, fut assassiné, alors que portant le drapeau blanc, probablement par les Indiens, et des citoyens Français tels que Courville, le "notaire" de l'Acadie, et le Chevalier Johnson, ont accusé Le Loutre d'être complice de cet assassinat.

Lorsque 2000 soldats, de Nouveaux Anglais, prirent le Fort Beauséjour en 1755, l'année de la défaite de Bradock, le Gouverneur Lawrence et son Conseil à Halifax, décidèrent que le temps était venu, alors que ces troupes occupaient la Nouvelle-Écosse et que les navires anglais étaient dans le port, de régler la question concernant les Acadiens et le serment de fidélité. Les délégués acadiens refusèrent encore.

Des mesures furent prises afin de les déporter; des navires furent préparés, et les troupes de la Nouvelle-Angleterre furent utilisées pour renforcer cette décision. En ce temps-là, il y avait environ 8000 Acadiens dans la péninsule et dans l'isthme. Six mille d'entre eux furent saisis et dispersés entre la Nouvelle-Angleterre et St Christophe, afin qu'ils ne puissent être source de menace pour aucune colonie anglaise, ou source de force pour les Français.

Environ 2000 échappèrent au déportement de la Nouvelle-Écosse en 1755, et certains d'entre eux qui étaient partis à l'Île St Jean, furent pris dans la rafle de cette île en 1758, après qu'elle fut conquise par les Anglais, alors que d'autres y réchappèrent en s'enfuyant au Québec, au nord du Nouveau-Brunswick, à St Pierre ou à Miquelon.

Le Gouverneur Lawrence lui-même expliqua la situation en Nouvelle-Écosse de la façon suivante dans une lettre datée du 2 août de cette même année: "Le succès qui a permis aux armées de Sa Majesté d'en terminer avec les problèmes que les Français avaient créés dans la Province me donne une occasion favorable de réduire la population française de cette colonie à obéir à Sa Majesté et à Son Gouvernement ou de les forcer à quitter le pays…"

La décision était peut-être trop dure et son application était sans aucun doute désagréable, même à ceux qui devaient l'exécuter. Le Colonel Winslow, qui commanda l'opération de Grand Pré s'exprima ainsi dans sa proclamation aux Acadiens: "Le devoir qui est le mien et qui est nécessaire, est très désagréable et contre mon tempérament et mon caractère, et je sais que ce doit être extrêmement affligeant pour vous qui êtes de la Même Espèce."

Peu d'années après 1755, environ 2000 exilés Acadiens revinrent en Nouvelle-Écosse, où, ainsi qu'un nombre identique qui avait échappé à la déportation, reçurent des terres, prêtèrent serment et assumèrent leur rôle dans la vie de la province.

D'autres allèrent au Québec, à l'Île du Prince-Edouard, au Nouveau-Brunswick, ou d'autres parties du continent—En résumé, il est clair que les Acadiens de la Nouvelle-Écosse conservèrent une neutralité virtuelle en face des politiques anglaises et françaises, car peu joignirent les Français dans leurs desseins agressifs ou les aidèrent dans la défense de Beauséjour en 1755.

De plus, il semble que la déporation n'ait pas été justifiée, car si l'ancienne situation avait persistée cinq ou huit ans de plus, jusqu'à ce que la menace française sur le continent ait été déracinée, le problème aurait cessé d'exister.

De même, en rétrospective, on constate que les Acadiens qui restèrent et ceux qui revinrent prêtèrent serment absolu, acceptèrent tous les devoirs et reçurent tous les droits dus aux citoyens.

S'ils avaient prêté serment avant les événements de 1755, ces pénibles expériences n'auraient pas eu lieu.

Le destin des Acadiens pivota autour de rivalités internationales; ces derniers n'étaient rien de plus que des pions sur l'échiquier.

C. Bruce Fergusson

ÉVANGÉLINE
Un conte d'Acadie

C'EST l'antique forêt! ... Noyés dans la pénombre,
Vieux et moussus, drapés dans leur feuillage
  sombre,
Les pins au long murmure et les cyprès altiers,
Qui bercent aujourd'hui, sur des fauves sentiers,
Les nids harmonieux, sont semblables aux bardes
Qui venaient, chevelus, chanter dans les mansardes,
Aux druides sacrés dont la lugubre voix
S'élevait, prophétique, au fond des vastes bois.
Sauvage et tourmenté, l'océan vert, tout proche,
Se lamente sans cesse en ses antres de roche,
Et la forêt répond, par de profonds sanglots,
Au long gémissement qui monte de ses flots.

C'est l'antique forêt, et c'est l'efflorescence!...
Mais tous ces coeurs naïfs, et charmants d'innocence,
Que l'on voyait bondir comme bondit le daim,
Quand le cri du chasseur a retenti soudain,
Que sont-ils devenus? Et les modestes chaumes?
Et les vergers en fleurs d'où montaient tant de baumes?

Et les jours qui coulaient, comme au bois les ruisseaux
Dans la clairière bleue ou sous les noirs arceaux,
Ensoleillés souvent par une paix profonde,
Assombris quelquefois par la crainte du monde,
Que sont-ils devenus?... Quel calme dans les champs!
Plus de gais laboureurs. La haine des méchants

Jadis les a chassés, comme, au bord d'une grève,
Quand octobre est venu, l'ouragan qui s'élève
Chasse et disperse au loin, sur l'onde ou les sillons,
Des feuilles et des fleurs les légers tourbillons.
Grand-Pré n'existe plus; nul n'en a souvenance;
Mais il vit dans l'histoire, il vit dans la romance.

O vous qui croyez à cette affection
Qui s'enflamme et grandit avec l'affliction;
O vous tous qui croyez au bon coeur de la femme,
A la force, au courage, à la foi de son âme,
Ecoutez un récit que disent, tour à tour,
Et l'océan plaintif, et les bois d'alentour.
C'est un poème doux que le coeur psalmodie,
C'est l'idylle d'amour de la belle Acadie!

PREMIERE PARTIE

I

D ANS un vallon riant où mouraient tous les bruits,
Où les arbres ployaient sous le poids de leurs
fruits,
Groupant comme au hasard ses coquettes chaumines,
On voyait autrefois, près du Bassin des Mines,
Un tranquille hameau fièrement encadré,
C'était, sous un beau ciel, le hameau de Grand-Pré.

Du côté du levant, les champs, vaste ceinture,
Offraient à cent troupeaux une grasse pâture.

De là son nom. Souvent alors les flots amers
S'épanchaient sur ces bords par maints endroits divers.
Les fermiers vigilants, sans souci des fatigues,
Elevèrent partout de gigantesques digues.
En certaine saison ils allaient les ouvrir,

Et, libre, l'océan se hâtait de couvrir
Les fertiles sillons devenus son domaine.

Au couchant, au midi, jusqu'au loin dans la plaine
On voyait des vergers et des bosquets d'ormeaux.
Ici, le lin berçait ses frêles chalumeaux,
Là, le blé jaunissant, ses tiges plus actives.
Vers le nord s'étendaient les forêts primitives;
Le sombre Blomidon dressait son front altier;
Et sur les monts abrupts, sans ombre ni sentier,
Des brumes, des brouillards aux formes inconstantes,
S'agitaient comme un camp qui déroule ses tentes,
Où semblaient admirer l'heureux vallon. Jamais
Ces vapeurs de la mer ne quittaient leurs sommets.

Et c'était au milieu de ces champs en culture
Que s'élevait le bourg. De simple architecture,
La solide maison de l'humble pionnier
Etait faite de chêne, ou bien de châtaignier.
Ainsi la voyait-on jadis, solide et grande,
Quand régnaient les Henri sur la terre Normande.
Saillants, les hauts pignons recouvraient tout le seuil,
Et l'ombre y descendait comme un voile de deuil.
Dans le chaume des toits, en des façons heureuses,
On avait découpé des lucarnes nombreuses.

Quand le soleil, au bourg, sur le large chemin
Donnait à la poussière un reflet de carmin,
Et quand, par son éclat, sur l'humble cheminée
Soudain la girouette était illuminée,
C'était là, sur le seuil, à l'approche du soir,
Que les femmes ensemble allaient toutes s'asseoir.
Jupon vert, rouge ou bleu, bonnet d'un blanc de neige,
Vieilles ou jeunes, là, chacune avait son siège,
Chacune, son rouet. Au tisserant malin
Il fallait bien fournir ou le chanvre, ou le lin.

La quenouille semblait un drapeau qu'on arbore.
La navette, en glissant sur le métier sonore,
Le fuseau qui tournait avec un gai frisson,
Au chant de la fileuse unissaient leur chanson.
Le pasteur du village, un modeste et saint prêtre,
Ne tardait pas longtemps d'ordinaire à paraître.
S'ils le voyaient venir sur le chemin poudreux,
Les enfants l'acclamaient et suspendaient leurs jeux.
Ils couraient au-devant, et puis, l'un après l'autre,
Pour se faire bénir, baisaient sa main d'apôtre-
Les femmes poliment se levaient tour à tour,
Heureuses de lui dire un bienveillant bonjour.

Fatigués, mais contents et remplis de courage,
Les paysans alors revenaient de l'ouvrage.
Le soleil émaillait la pente du côteau,
Et ses derniers rayons, comme des filets d'eau,
Jusque au fond du val glissaient de roche en roche.
De sa voix argentine, au même instant, la cloche
Annonçait l'Angélus et le retour du soir.
Molles vagues d'encens montant d'un encensoir,
Aussitôt, la fumée en colonnes bleuâtres,
Bien au-dessus des toits, montait de tous ces âtres
Où l'on goûtait la paix, le plus divin des biens.

Ainsi vivaient alors ces laboureurs chrétiens.
Ils servaient le Seigneur, et leur vie était sainte.
Ignorant les tyrans, ils ignoraient la crainte.

Des fausses libertés les enivrants banquets
Ne les séduisaient point. Ni verrous, ni loquets
Ne fermaient, dans la nuit, leur modeste demeure,
Et la porte s'ouvrait, comme l'âme, à toute heure.
Là, le riche était pauvre en son honnêteté,
Et le pauvre ignorait ce qu'est la pauvreté.

Sur le bord du Bassin qui baignait le village,
Au milieu de son champ, dans un nid de feuillage,
Demeurait un fermier, un vieillard au coeur droit,
Et le plus riche alors de cet heureux endroit.
Cet homme, il avait nom Benoît Bellefontaine.
Près de lui grandissait, dans ce joli domaine,
Sa fille, Évangéline, une adorable enfant.

Badinant à son tour, parfois philosophant,
Ce paysan plaisait. Il avait un air grave,
La stature et le bras que personne ne brave,
Une démarche ferme et soixante-dix ans.
Avec son teint de bronze et ses longs cheveux blancs,
Il était comme un chêne au milieu d'une lande,
Un chêne que la neige orne d'une guirlande.
Et son Évangéline, elle était belle à voir
Avec ses dix-sept ans, et son brillant oeil noir
Qu'ombrageait quelque peu sa brune chevelure,
Son oeil qu'on eut dit fait du velours de la mûre
Qui luit, près du chemin, aux branches d'un buisson.

Elle était belle à voir au temps de la moisson,
Et comme la génisse elle avait douce haleine,
Quand elle s'en allait, en corsage de laine,
Porter aux moissonneurs, dans les champs plantureux,
Le midi, des flacons de cidre généreux.
Mais, les jours de dimanche, elle était bien plus belle.
Quand la cloche faisait, du haut de sa tourelle,
Pleuvoir les sons bénis dans l'air frais et vibrant,
Comme de l'aspersoir du pieux célébrant
Tombe, après l'oraison, l'eau sainte en gouttes drues,
On la voyait venir par les ombreuses rues,
Simple en sa jupe bleue, et tenant à la main
Un chapelet de verre ou le missel romain.
Sous son bonnet léger, bonnet de Normandie,
Luisaient des boucles d'or, qu'aux bords de l'Acadie

Une aïeule de France autrefois apporta,
Que la mère, en mourant, à sa fille quitta
Comme un gage sacré, comme un noble héritage.

On voyait cependant briller bien davantage
Sa grâce et sa candeur que rien ne surpassait,
Quand, venant de confesse émue, elle passait
Adorant dans son coeur Dieu qui l'avait bénie.
On aurait dit alors qu'une molle harmonie,
Comme les blés au vent, sur ses pas ondoyait.

Vaste était la maison. De loin, on la voyait
Sur le flanc d'un côteau, dont les gras pâturages
Hardiment descendaient jusque sur les rivages.
Le chemin pour s'y rendre était bordé d'ormeaux;
Un sycomore ombreux voilait, de ses rameaux,
Les bancs auprès du seuil et la haute toiture.
Le portique était fier de sa rude sculpture.
Dans la large prairie un sentier se perdait,
Qui trouait le verger. Une vigne pendait,
Guirlande glorieuse, au tronc du sycomore,
Et protégeait l'essaim d'une ruche sonore.
Dans le bourdonnement, sous l'arbre qui tremblait,
En son rustique abri, la ruche ressemblait
Aux niches de la Vierge, aux troncs des faméliques
Que met la charité sur les routes publiques.

Plus bas, sur le côteau qui regardait la mer,
C'étaient le puits moussu, le seau cerclé de fer,
Et l'auge où s'abreuvaient chevaux, boeufs et génisses.
Puis, du côté du nord, plusieurs longues bâtisses:
Des granges, des hangards, en la froide saison,
Contre les ouragans protégeaient la maison.

C'est là qu'on remisait les voitures diverses,
Les harnais, les outils, la charrue et les herses.

Là qu'on voyait aussi le bercail de moutons,
Et le sérail de plume où régnaient les dindons,
Où le coq orgueilleux chantait d'une voix fière,
Comme au jour où sa voix troubla l'âme de Pierre.

Et tout cela semblait un village, de loin.
Les granges, en été, se remplissaient de foin.
Leurs toits proéminents étaient couverts de chaume,
Et le trèfle fané remplissait de son baume
Le fenil où montait un solide escalier.
Là se trouvait aussi l'amoureux colombier,
Avec ses nids moelleux, ses tendres créatures,
Ses roucoulements longs, ses folles aventures;
Et mainte girouette, au moindre essor des vents,
Criait du haut des toits le changement du temps.

En paix avec le ciel, en paix avec le monde,
C'est ainsi que vivait, dans sa terre féconde,
Le fermier de Grand-Pré. Sa joie et son appui,
Toujours Évangéline était auprès de lui,
Et sagement toujours gouvernait le ménage.
A l'église, souvent, les gars du voisinage
Tenaient ouvert leur livre, ou priaient à genoux,
En reposant sur elle un oeil un peu jaloux,
Comme si, dans un nimbe, elle eut été la sainte
Qu'ils venaient invoquer en la pieuse enceinte.

Heureux qui par hasard touchait sa blanche main,
Voyait sourire un peu ses lèvres de carmin!
Ceux qui frappaient, le soir, à sa porte, dans l'ombre,
En entendant ses pas dans le corridor sombre
Résonner tout à coup, se demandaient en vain
Lequel battait plus fort, du lourd marteau d'airain
Ou de leur coeur, parfois, hélas! un peu volage.

Et gaîment on fêtait le patron du village.
Les jeunes et les vieux descendaient au vallon,

Pour y danser sur l'herbe, au son du violon.
Bien des garçons alors, débordants de tendresse,
Tour à tour lui disaient des mots si pleins d'ivresse,
Qu'ils semblaient un écho de l'agreste concert,
Mais pour Gabriel seul son coeur s'était ouvert,
Gabriel Lajeunesse, un garçon de Basile.

Or, ce Basile était un forgeron habile,
Un homme aimé de tous, et des plus importants.
Le peuple n'a-t-il pas proclamé de tout temps,
L'état de forgeron un état honorable?

Une estime profonde, une amitié durable
Liaient donc l'ouvrier et le fermier. Ainsi
Leurs deux enfants aimés étaient liés aussi.
Et le père Félix, en son hameau champêtre,
Depuis longtemps déjà maître d'école et prêtre,
Leur avait, dans son livre, en même temps, montré
A lire une prière, à dire un chant sacré.
Ils paraissaient deux fleurs d'un même souffle issues.

Les cantiques chantés et les leçons bien sues,
Ils couraient tout joyeux à la forge, pour voir
Basile, les bras nus et le visage noir,
Un tablier de cuir autour de la ceinture,
Prendre comme un jouet, d'une main forte et sûre,
Le sabot d'un cheval, puis y clouer le fer.
Et, pendant ce temps-là, dans un vrai feu d'enfer,
Près de lui rougissait un grand cercle de roue,
Tel un souple serpent qui se courbe et se noue
Au milieu des tisons qui l'ont emprissoné.

Quand la cloche du soir, l'automne, avait sonné,
Que le calme régnait, et que la forge sombre
Menaçait d'éclater, sous les éclairs sans nombre
Qui sortaient des carreaux et des trous du lambris,

Ils venaient regarder avec des yeux surpris,
Le soufflet haletant qui ranimait la braise,
Et dans l'effluve chaud ils causaient à leur aise.
Puis, quand le grand soufflet cessait de bourdonner,
Et qu'ils n'entendaient plus l'enclume résonner,
Riant, ils comparaient à de pieuses vierges,
Qui rentrent lentement, avec de pâles cierges,
Dans leur chapelle sainte, au milieu de la nuit,
Les étincelles d'or qui retombaient sans bruit,
Et mouraient tour à tour dans les cendres éteintes.

Quand l'hiver déployait son voile blanches teintes,
Sur un traîneau léger, on les voyait tous deux
Descendre vitement les grands côteaux neigeux.
Et souvent, à la grange, avec un soin bizarre,
Ils cherchaient, dans les nids, cette pierre si rare
Que l'hirondelle trouve au bord du flot mouvant,
Et qu'elle apporte alors à son nid, sous l'auvent,
Pour redonner la vue à sa chère couvée.
La chance souriait à qui l'avait trouvée,
Cette Pierre étonnante.
                                    Ainsi, loin des ennuis,
Comme un songe doré leurs jours s'étaient enfuis.
Ils n'étaient plus enfants à l'époque où se passe
Le récit douloureux qu'il faut que je vous fasse.
Gabriel revêtait la fraîcheur des matins,
Et son front réjoui rêvait d'heureux destins.
Dans ses chastes espoirs, ses douces clartés d'âme,
Évangéline aimait et se révélait femme.
On l'avait à bon droit surnommée, au hameau,
Le soleil de la Sainte-Eulalie. Au rameau
Ce soleil fait mûrir les fruits en abondance,
Disaient les paysans; elle, par sa prudence,
Elle saura remplir le foyer de l'époux
De gaieté, de vertus, et d'enfants blonds et doux.

Déjà l'on arrivait à ce temps de l'année
Où plus rien ne fleurit sur la plaine fanée,
Où le soleil tardif est pâle et sans chaleur,
Où la nuit froide au pauvre apporte la douleur.
En bandes réunis, les oiseaux de passage
Sous un ciel noir et lourd volaient comme un nuage,
Des régions de glace où tout sombre et périt,
Aux îles où toujours un ciel d'azur sourit.

La moisson était faite; elle emplissait la grange.
Arbres et vents luttaient comme Jacob et l'ange.
Tout disait que l'hiver allait être cruel:
La ruche était fermée. Elle gardait le miel
Butiné sur les fleurs par les abeilles sages.
Le chasseur indien, qui connaît les présages,
Annonçait de grands froids, parce que nulle part
Sans un pelage épais se montrait le renard.

Après l'été brûlant, ainsi venait l'automne.
Mais ce temps enchanteur dont la clémence étonne,
Et qu'on nomme, au hameau, l'été de la Toussaint,
Ranima le coeur triste et le soleil éteint.
Une douce lumière où s'échauffaient les rêves,
Descendait sur les bois, sur les champs, sur les grèves.
L'univers rayonnant semblait, dans sa splendeur,
Nouvellement sorti des mains du Créateur.
Une volupté pure inondait notre monde:
On entendait passer le souffle qui féconde.
L'océan s'endormait en berçant des flots verts.
Un hymne harmonieux de tous ces bruits divers
S'était formé. Les cris des enfants dans leurs courses,
Le chant du coq jaloux, le murmure des sources,
Et les roucoulements des fidèles pigeons,
Le babil des oiseaux au milieu des ajoncs,

Les plaintes de la brise, et les battements d'ailes
Derrière les replis des sylvestres dentelles,
Dans un réveil d'aurore ou dans un vol d'amour,
De ces jours enchanteurs tout fêtait le retour.

Le soleil, souriant à cette joie étrange,
Traverse, radieux, la vapeur qui s'effrange
Et plane mollement sur les humbles chalets.
Une tiède buée inonde de reflets
Tout le feuillage. Et vert, safran ou diaphane,
Chaque arbre resplendit comme le fier platane
Que le Perse, jadis, encore simple et doux,
Couvrait d'un manteau pourpre et de riches bijoux.

Le calme doucement s'étendit sur les plaines.
Avec le jour tomba le lourd fardeau des peines,
Et l'ombre qui montait dans les champs du ciel bleu,
Tour à tour ramena les étoiles de feu,
Ramena tour à tour, aux portes de l'étable,
Les bestiaux repus d'une herbe délectable.
Et les naseaux ouverts pour humer la fraîcheur,
En avant du troupeau, luisante de blancheur,
S'avançait d'un pas lent une grasse génisse,
Celle d'Évangéline, avec son beau poil lisse,
Sa clarine sonore et son joli collier.

Et puis, on vit le pâtre, à travers le hallier,
Ramener en chantant les agneaux de la rive.
Près de lui, le gros chien à la mine pensive,
Berçant sa large queue, et fier de sa valeur,
Trottinait pesamment, jappant pour faire peur
Aux jeunes étourdis qui restaient en arrière.
Le jour, quand le berger dormait sous la bruyère,
C'était lui qui gardait les timides brebis;
Et la nuit, quand les loups, affamés, plus hardis,
Dans les bois d'alentour venaient hurler de rage,

Il sentait redoubler sa force et son courage.

Quand la lune, plus tard, éclaira l'horizon,
Que sa molle lueur argenta le gazon,
Les chars de foin salin, jetant un âcre arôme.
Montèrent des marais à la grange de chaume.
Sous leurs selles de bois, peintes de tons choisis,
Et d'où tombaient, flottants, de longs glands
    cramoisis,
Qui rappelaient l'éclat de la rose trémière.
Humides de vapeurs, secouant leur crinière,
Les chevaux hennissaient. Et, dans un coin du clos,
La bouche ruminante et les yeux demi-clos,
Les génisses rêvaient pendant que la latière
En écume d'argent, dans sa lourde chaudière,
Faisait couler le lait. Puis, dans la basse-cour,
Répétés par l'écho des granges d'alentour,
L'on entendit encore, comme dans un délire,
Des bêlements, des cris et des éclats de rire,
Mais ce bruit, toutefois s'éteignit promptement.
Un grand calme se fit. Tout à coup seulement,
En roulant sur leurs gonds, les portes de la grange
Firent dans le silence un grincement étrange.

Assis dans son fauteuil, en face du foyer,
Le fermier regardait les flammes ondoyer.
Ces flèches, ces tisons, ces orbes de fumée
Dont il suivait, rêveur, la lutte accoutumée,
Lui semblaient une ville où vaincus et vainqueurs,
A la lueur des feux, mouraient dans les horreurs.
Et sa tête, penchée un peu sur son épaule,
Dans la clarté du mur s'estompait grande et drôle,
Pendant qu'à la lueur du foyer pétillant,
Prenant un air fripon, un regard sémillant,
Chaque face sculptée au dossier de sa chaise,

Semblait s'épanouir et sourire à son aise,
Et que, sur le buffet, les assiettes d'étain
Brillaient comme au soleil un bouclier d'airain.

Cependant le vieillard, en des accents rustiques,
Fredonnait des chansons et des Noëls antiques,
Que longtemps avant lui, sous un ciel radieux,
Chantaient dans leurs vergers, ses honnêtes aieux,
Là-bas, en Normandie. Et son Évangéline,
Assise à ses côtés dans la vaste cuisine,
Filait, en l'écoutant, une filasse d'or.
Dans un coin, le métier était muet encore;
Mais le rouet actif mêlait, avec constance,
Son ronflement sonore à la naïve stance
Des l'humble laboureur assis devant le feu.
Comme au temple sacré, quand le chant cesse un peu,
On entend, à l'autel, l'écho d'une voix sainte,
Ou le bruit d'un pas lent dans la divine enceinte,
Ainsi, quand le fermier, penchant son front serein,
S'arrêtait un instant à la fin d'un refrain,
Ou entendait toujours, réguliers et funèbres,
Les tic tac de l'horloge au milieu des ténèbres.

Elle était au rouet, et lui, dans son fauteuil,
Quand un lourd bruit de pieds fit résonner le seuil.
Une main se posa sur la clenche de chêne,
Et la porte s'ouvrit. On arrivait sans gêne.
Benoît le savait bien, c'était le forgeron;
Les clous de ses souliers martelaient le perron.
De même Évangéline, au trouble de son âme
Où s'était allumée une suave flamme,
Devinait sûrement qui venait avec lui.

– ''Toujours le bienvenu, mais surtout aujourd'hui,
''Dit aussitôt Benoît. Devant la cheminée
''Prends, continua-t-il, ta place accoutumée.

"Elle est vide, tu sais, lorsque tu n'es pas là.
"Prends ta pipe de plâtre et le pot à tabac,
"Au bout de la tablette où galope l'horloge;
"Car c'est dans la fumée, ou de pipe ou de forge,
"Qu'on voit avec plaisir se dessiner tes traits.
"Alors ton gai visage, et si rond et si frais,
"Brille comme la lune en ces légers nuages
"Qui s'élèvent, l'automne, au bord des marécages."

Le vieillard souriait. Du foyer, sans façon,
Basile s'approcha, suivi de son garçon.
Il répondit gaîment:
                                    – "Mon cher Bellefontaine,
"Tu chantes et tu ris toujours. Chose certaine,
"D'autres sont obsédés de noirs pressentiments,
"Et ne font que rêver malheurs et châtiments.
"Toi, tu parais heureux. Sur la route où tu passes
"S'il est un fer perdu, c'est toi qui le remasses."

Alors Évangéline, avec un geste bon,
S'en vint lui présenter la pipe et le charbon.
Et lui, très lentement:
                                    –"Je n'aime pas pour hôtes,
"Ces navires anglais mouillés près de nos côtes.
"Leurs énormes canons, qui sont braqués sur nous,
"Ne nous annoncent point les desseins le plus doux.
"Mais quels sont ces desseins? Hélas! on les ignore!
"On sait bien qu'il faudra, quand la cloche sonore
"Appellera le peuple à l'église, demain,
"Entendre lire haut – puisse-t-il être humain!–
"Un mandat qui sans doute émane du roi George.
"Or, plus d'un paysan soupçonne un coupe-gorge;
"Tous sont fort alarmés et se montrent craintifs."

Les fermier répondit:
                                    – "On ne sait les motifs,

"Mais doit-on soupçonner de lâches tentatives?...
"La pluie, en Angleterre, ou des chaleurs hâtives
"Ont peut-être détruit la moisson sur les champs;
"Et, pour donner du pain à leurs petits enfants,
"Du foin à leurs troupeaux, les grands propriétaires
"Viennent chercher les fruits de nos fertiles terres.

– "Au village, plus d'un qui n'est pas un poltron,
"Pense bien autrement, reprit le forgeron,
"En secouant la tête avec un air de doute.
Puis, poussant un soupir:
– "Bellefontaine, écoute,
"On n'a pas, chez l'Anglais, oublié Louisbourg,
"Pas plus que Port-Royal, pas plus que Beauséjour...
"Déjà des paysans, redoutant ces croisières,
"Ont fui vers les forêts; et là, sur les lisières,
"Ils attendent, prudents, avec anxiété,
"Cet ordre qui bientôt, doit être exécuté.
"Voilà qu'on nous a pris, pour combler nos alarmes,

"Tous nos outils de fer avec toutes nos armes;
"Seul le vieux forgeron a ses pesants marteaux,
"Et l'humble moissonneur, ses inutiles faux."
Un sourire sur la lèvre, et le regard oblique,
Le jovial vieillard à son ami réplique:

– "Au milieu de nos champs et de nos gras troupeaux,
"Sans armes, nous vivons dans un profond repos.
"Nous sommes mieux encore par derrière nos digues,
"Que n'étaient autrefois nos ancêtres prodigues,
"Dans leurs murs qu'ébréchaient les canons ennemis.
"D'ailleurs, dans l'infortune il faut être soumis.
"Vais-je donc retenir, Basile, pour hôtesse,
"Ce soir, à mon foyer, la vilaine tristesse?
"C'est le contrat, ce soir, et qu'importe demain?...
"Les jeunes gens du bourg ont bâti, de leur main,

"La grange et la maison. Pour couronner l'ouvrage,
"Ils ont mis au fenil le grain et le fourrage,
"Au buffet ils ont mis pour un an d'aliments.
"Le labour même est fait. Attends quelques moments
"Et LeBlanc va venir avec sa plume d'oie....
"De nos heureux enfants partageons donc la joie.

Dans la fenêtre ouverte, à voix basse, à l'écart,
Les fiancés causaient, et leur calme regard
Se promenait au ciel d'azur. Évangéline
Livrait à Gabriel sa main brûlante et fine;
Elle rougit soudain, quand son père, empressé,
Rappela, tout ému, le projet caressé.
A peine le vieillard venait-il de se taire,
Que l'on vit à la porte arriver le notaire.

III

Comme un souple aviron, aux mains des matelots,
Fléchit, ne se rompt pas, en soulevant les flots,
Le notaire marchait épaules inclinées,
Mais ne s'affaissait pas sous le poids des années.
Dorés comme un duvet de maïs, et soyeux,
En boucles sur son cou retombaient ses cheveux.
A travers leur cristal, ses besicles de corne
Laissaient voir la sagesse au fond de son oeil morne.

Il aimait d'ordinaire à faire des récits.
Père de vingt enfants, plus de cent petits-fils,
Dès qu'ils l'apercevaient, couraient à sa rencontre
Pour coller leur oreille au tic-tac de sa montre.
Pendant la guerre, ami des Anglais, sans procès,
Quatre ans il fut captif dans un vieux fort français.
A l'abri du soupçon, sa vertu pour défense,
Il avait maintenant la candeur de l'enfance.

Tous l'estimaient, petits et grands. Il racontait
Pourquoi le loup-garou vers les bois remontait,
Et pourquoi les lutins chevauchaient dans la friche.
Et puis, il rappelait le sort du blanc Létiche,
Enfant mort sans baptême, esprit doux, soucieux,
Qui voltige toujours, cherchant toujours les cieux,
Et de l'enfant qui dort s'en vient baiser les lèvres.
Et puis qu'une araignée est un remède aux fièvres,
Quand on la porte au cou dans l'écale des noix.
Que la nuit de Noël, au bon temps d'autrefois,
La génisse et le boeuf causaient dans les étables.
Il leur disait aussi les vertus véritables
Que le peuple, partout simple autant que loyal,
Prétendait découvrir dans le fer à cheval,
Et dans le trèfle blanc à la quadruple feuille,
Et biens d'autres récits que le peuple recueille.

Cependant, aussitôt que LeBlanc arriva,
De son siège, au foyer, Basile se leva.

Il lui tendit la main. Puis, la voix animée,
Et faisant de sa pipe onduler la fumée:
–"Allons! père LeBlanc, commença-t-il alors,
"Vous avez entendu, ce qu'on dit au-dehors.
"Sait-on bien ce qu'ici les vaisseaux viennent faire?
"Avez-vous du nouveau?"
                                   – "Je ne sais quelle affaire,
"Lui répondit LeBlanc d'un ton de bonne humeur,
"Amène ces vaisseaux. Je connais la rumeur,
"Et j'ai glané, ma foi, mainte chose au passage,
"Mais ne répétons rien, c'est peut-être plus sage.
"Je ne puis, toutefois, croire que ces bateaux
"Viennent pour ravager nos fertiles côteaux.
"Les Anglais voudraient-ils nous déclarer la guerre?
"Il faut un bon motif. Pour moi, je ne crains guère."

– "Nom de Dieu! s'écria le bouillant forgeron,
"Qui parfois décochait joliment un juron,
"Il nous faut donc alors chercher, en toute chose,
"Le pourquoi, le comment? Il n'est rien que l'on
       n'ose.
"L'injustice est partout, et personne n'a tort;
"Tout le droit maintenant appartient au plus fort".

Sans paraître observer la chaleur de Basile,
LeBlanc continua d'une voix fort tranquille:
"L'homme est injuste, soit: le bon Dieu ne l'est pas
"La justice triomphe à son tour ici-bas,
"Et, pour preuve, je vais vous redire une histoire
"Qui ne s'efface point de ma vieille mémoire;
Qui ne s'efface point de ma vieille mémoire;
"Elle me consolait de mon sort déloyal,
"Lorsque j'étais captif au fort de Port-Royal,"

Le vieillard aimait bien cette histoire touchante.
A ceux que maltraitait quelque langue méchante,
A ceux qui sur l'honneur ne voulaient plus compter,
D'une voix tout émue il allait la conter.

"Que la crainte de Dieu, dit-il, se perpétue!
"Jadis, dans une ville, était une statue:
"La Justice. De bronze, au piédestal d'airain,
"Elle avait bel aspect, et son regard serein
"Aux désirs criminels imposait le silence.
"Sa droite tient le fer, sa gauche, la balance,
"Emblèmes éloquents de l'équitable loi
"Qui veillait sur les biens, sur les moeurs, sur la foi.
"Et des oiseaux, nichaient dans les plateaux sans
                                                craindre
"Le glaive flamboyant qui semblait les atteindre.

"Pourtant il arriva, dans la suite des temps,
"Qu'on vit se pervertir les moeurs des habitants:
"Et le faible, sans cesse en butte à l'ironie,
"Dut subir du plus fort la lâche tyrannie.
"On afficha le vice, et plus d'un tribunal
"Outragea l'innocence et protégea le mal.

"Un collier disparut de la maison d'un noble.
"On conclut aussitôt à quelque vol ignoble,
"Et l'on chercha partout, mais en vain, des témoins.
"On voulut sur quelqu'un se venger néanmoins.
"Devant un intrigant revêtu de l'hermine,
"On accusa, sans honte, une pauvre orpheline
"Qui depuis de longs jours servait fidèlement.
"Le procès, pour la forme, eut lieu fort promptement,
"Et le juge pervers, d'une voix émouvante,
"A mourir au gibet condamna la servante.

"Autour de l'échafaud on vit les curieux,
"Pressés, impatients, inonder tous les lieux.
"Par le triste chemin que la foule jalonne,
"La victime s'avance au pied de la colonne.
"Le fourreau la saisit. Au moment solennel
"Où son âme montait vers le Juge éternel,
"Un orage, soudain, gronde, éclate. La foudre
"Descend sur la statue et la réduit en poudre.
"Or, la balance tombe avec un grand fracas,
"Et, dans l'un des plateaux qui se brisent en bas,
"On voit un nid brillant. C'était un nid de pie
"Dont les parois d'argile, avec coquetterie,
"Retenaient encastré le collier précieux.
"C'est ainsi qu'éclata le justice des cieux."

Quand la père LeBlanc eut fini son histoire,
Basile ne dit mot. Mais il était notoire
Qu'il ne s'inclinait pas devant son argument.

Il voulait répliquer et ne savait comment.
De ces luttes de mots il avait peu l'usage,
Et ses pensées restaient empreintes sur son visage,
Comme, sur une vitre, au souffle des hivers,
Les bizarres profils de cent dessins divers.

Alors Évangéline, à la braise de l'âtre,
S'empresse d'allumer la lampe au pied d'albâtre,
Car la nuit qui descend répand l'obscurité.
Puis, lorsque la maison est pleine de clarté,
Elle va, souriant, déposer sur la table,
Un pot d'étain rempli d'un cidre délectable.

Prenant, bientôt après, son encre et son papier,
Le vieux notaire écrit, d'un style régulier,
Les noms des contractants, la date, et puis leur âge.
La dot qu'Évangéline apporte en mariage,
Et maints autres détails, sans en oublier un.
Et, quand tout fut écrit comme voulait chacun,
Que le sceau de la loi fut mis, brillant et large
Comme un soleil levant, sur le blanc de la marge,
L'équitable fermier, toujours simple et courtois,
Tira de son gousset sa bourse de chamois
Et paya, tout joyeux, comme une chose exacte,
En beaux écus sonnants, trois fois le prix de l'acte.
Se levant, le notaire ému, mais enchanté,
Embrasse les promis et boit à leur santé.

Il assèche sa lèvre où le vieux cidre écume;
Derrière son oreille il enfonce sa plume;
Il roule son papier, puis à tous dit bonsoir.

Alors ceux qui restaient vinrent, sans bruit, s'asseoir
Devant la cheminée où rayonnait la braise.
Évangéline prend, dès qu'ils sont à leur aise,
Le damier redoutable, et le porte aux vieillards.

La lutte commença. Leurs anxieux regards
Voyaient avec plaisir les pions faire un siège,
Et les dames tomber dans un perfide piège.
Également adroits, ils s'amusaient beaucoup
D'une manœuvre habile ou d'un malheureux coup.

Les fiancés, assis dans la fenêtre ouverte.
Écoutaient, sur la rive, expirer l'onde verte,
Murmuraient quelques mots, ou paraissaient rêver,
Pendant que devant eux la lune, à son lever,
Glissait un rayon rose en la pâleur des vagues,
Un rayon rose encore dans les bruines vagues
Qui flottaient mollement sur le gazon jauni.
Quelques étoiles d'or luirent dans l'infini,
Comme des fleurs de feu, des fleurs qui sont, sans
        doute,
Les "ne m'oubliez pas" de la céleste voûte.

Ainsi passa le soir, et s'apaisa l'effroi.
La cloche retentit dans son léger beffroi.
Lentement dans l'air calme elle sonna neuf heures;
C'etait le couvre-feu; l'on fermait les demeures.
Alors chacun se lève et les adieux se font,
Et sous le toit bientôt le silence est profond.
Évangéline est seule, et bien close est la porte;
Mais dans l'envirement du rêve qui l'emporte
Elle entend murmurer la voix du fiancé,
Et son coeur plein d'amour vers lui s'est élancé.

Les charbons du foyer furent mis sous la cendre,
Et plus sombre soudain la nuit parut descendre.
Le pas quelque peu lourd de l'honnête fermier
Fit résonner alors le solide escalier.
Et puis on entendit la jeune ménagère,
Car elle aussi montait. Dans sa marche légère,
Elle semblait glisser sur les degrés de bois.

Une douce lueur éclaira les parois,
Et dora tour à tour les barreaux de la rampe;
Ce n'était point alors sa radieuse lampe,
Mais c'était son regard qui versait la clarté.
Traversant le couloir, chaste dans sa fierté,
Elle entra dans sa chambre; une chambre modeste,
Un nid blanc, le plus beau de ce séjour agreste:
Rideau blanc à la vitre et rideau blanc au lit;
Sur le mur, une croix et le rameau béni.
On voyait cependant, en rang sur des tablettes,
Dans une armoire, au fond, maintes pièces complètes:
Des flanelles, des draps, tissus fins et parfaits
Que son habile main au métier avait faits,
Et qu'elle aurait pour dot. C'était un apanage
Qui, bien sûr, prouverait la femme de ménage
Mieux que les gras troupeaux et le grain des sillons.

Elle éteignit sa lampe. Aussitôt des rayons
Qui descendaient du ciel, suaves comme l'ambre,
Par la fenêtre close inondèrent la chambre;
Et son coeur, débordant de tendresse et d'espoir,
Au pouvoir merveilleux du bel astre du soir,
Obéit doucement comme l'onde et la nue.
Elle buvait alors une ivresse inconnue.

De son soulier léger sortit son beau pied blanc;
Ses cheveaux dénoués, se moulant à son flanc,
Lui firent un long voile. Elle était vraiment belle.
Elle s'imagina qu'alors, sous la tonnelle,
Le jeune fiancé, plus troublé, plus aimant,
En silence épiait le fortuné moment
Où, devant les rideaux de la haute fenêtre,
Il verrait son image un instant apparaître.

Sa fidèle pensée allait toujours vers lui,
Et parfois cependant la tristesse et l'ennui

Jetaient l'ombre en son coeur. Voilant la lune
    d'ambre,
Des nuages ainsi jetaient l'ombre en sa chambre.
Attendrie et rêveuse, à sa fenêtre alors
Elle vint s'accouder pour regarder dehors.
Des plis mystérieux d'un vagabond nuage,
La lune s'échappait, souriante et volage.
Une étoile aux cils d'or la suivait dans le ciel,
Comme, aux jours d'autrefois, le petit Ismael
Suivait Agar, sa mère, en sa lointaine marche,
Après qu'elle eût quitté le toit du patriarche.

IV

La nuit s'enfuit. Le jour se leva calme et pur.
Grand-Pré s'enveloppait de soleil et d'azur;
Une rose buée entourait les collines;
Les ruisseaux babillaient, et le Bassin de Mines,
Légèrement ridé par l'haleine du vent,
Agitait dans ses plis les lueurs du levant.
A l'ancre, près des bords, les barques aux flancs
    sombres
Berçaient avec fierté leurs gigantesques ombres.

De ses nombreuses mains le travail fécondant
Frappait aux portes d'or de l'aube. Cependant
Ouvriers et fermiers, en habits des dimanches,
Le rire épanoui sur leurs figures franches,
Arrivèrent bientôt des villages voisins.
Ici, quelques vieillards sur le bord des chemins,
S'aidant de leurs bâtons, venaient par petits groupes;
Là, les gars éveillés, en turbulentes troupes,
Passaient à travers champs, suivant, le long des clos
Le sillon, qu'avaient fait les pesants chariots,
Aux jours de la moisson, en roulant dans l'éteule.

A son foyer désert la femme restait seule.
Toute le matinée, inquiets ou bavards,
Des groupes empressés venant de toutes parts,
Arrivaient à la fois par la route commune.
Et les maisons semblaient des auberges. Chacune
Pouvait voir, en effet, des hommes bons et francs
Assis devant sa porte, au soleil, sur des bancs.
Car aux bourgs on chômait comme au jour d'une fête.

Benoît n'attendait rien que de juste et d'honnête,
Et chez lui plus qu'ailleurs s'exhalait la gaieté,
On voyait en entrant s'enfuir l'anxiété.
Avec un air modeste et des grâces naïves,
La jeune Évangéline accueillait les convives.
Elle avait, à cette heure, à leurs yeux plus d'attrait
Que le cidre mousseux que sa main leur offrait.

On fit dans le verger les chastes fiançailles.
Le soleil était chaud comme au temps des semailles;
De l'odeur des fruits mûrs l'air était parfumé.
Le hameau s'envirait du calme accoutumé.

Avec le vieux LeBlanc, dans l'ombre du portique,
Le prêtre vint s'asseoir sur un siège rustique;
Et de leurs chers enfants s'entretenant tous deux,
Basile et le fermier se placèrent près d'eux.
Joueur de violon, le vieux Michel se juche,
Gilet neuf et pimpant, à côté d'une ruche.
Le violon vibra. Le barde, sans façon,
Dit *Les bourgeois de Charte*, et mainte autre chanson.
Sa voix un peu tremblante était encore sûre,
Et son sabot de bois battait bien la mesure.
Descendant mollement des arbres d'alentour,
Une ombre, un rayon d'or se jouaient tour à tour
Sur ses longs cheveux blancs qui flottaient à la brise.

Sa face, rose encore malgré sa barbe grise,
Brillait comme un charbon dans le fond du foyer,
Quand le vent prend la cendre et la fait tournoyer.

Et gaîment, et toujours, sur les cordes vibrantes
Il promenait l'archet. Les rondes enivrantes
Continuaient sur l'herbe, à l'ombre du verger.
Le gazon s'inclina sous le pied tout léger
Des jeunes et des vieux, confondus dans la danse.
Les joyeux tourbillons roulèrent en cadence
Sur le rustre parquet, sans trève, sans repos,
Au milieu du franc rire et des tendres propos.
La plus jolie alors, et pourtant la moins vaine,
C'était la douce enfant du vieux Bellefontaine;
Le garçon le plus sage et le moins fanfaron,
C'était bien Gabriel, le fils du forgeron.

Le matin passait vite; on était dans l'ivresse:
Mais voici qu'arrivait l'heure de la détresse.
Soudain l'on entendit les appels du tambour:
La cloche, au même instant, gémit dans l'humble tour,
Et l'église bientôt se remplit tout entière.

Tremblant pour leurs époux, au fond du cimetière,
Les femmes du village, en pleurs et longuement,
Attendirent la fin du triste événement.
Et, dans leur foi touchante, aux sépulcrales pierres,
Elles allaient offrir des rameaux et des lierres,
Qu'elles avaient coupés dans la forêt, là-bas.

Voilà que sur les bords descendent ces soldats
Que l'histoire implacable à jamais stigmatise.
Ils marchent fièrement et, dans leur vaillantise,
Ils battent le tambour sous les sacrés arceaux.
Devant cette imprudence et devant ces assauts,
Une instinctive peur s'empare de la foule.

Elle veut s'échapper, sortir. On la refoule;
Et la porte se ferme au râle des verroux.
Il passe sous la voûte un frisson de courroux;
Mais qu'importe l'effort que la ruse devance?

Bientôt le commandant avec orgueil s'avance,
Monte jusqu'à l'autel, se tourne et parle ainsi:

– "C'est par l'ordre du roi que vous êtes ici....
"Il me faut, paysans, exécuter cet ordre,
"Comme il me faut aussi réprimer le désordre.
"Notre roi fut pour vour généreux et clément,
"Cela, vous le savez. Et cependant comment
"A ses bienfaits nombreux osez-vous donc répondre?
"Consultez votre coeur il pourra vous confondre.
"Paysans, il me reste un devoir à remplir,
"Un pénible devoir; mais dois-je donc faiblir?
"Dois-je faire à regret ce que mon roi m'ordonne?...
"Je viens pour confisquer, au nom de la couronne,
"Vos terres, vos maisons, et tous vos bestiaux.
"On va vous transporter, grâce aux décrets royaux,
"Sur un autre rivage où vous serez, j'espère,
"Un peuple obéissant, travailleur et prospère...
"Vous êtes prisonniers, au nom du Souverain."

En été, quelquefois, après un jour serein,
On voit, à l'horizon, un nuage s'étendre.
Un grondement lointain se fait alors entendre,
Et le soleil, pâli, semble hâter son cours.
Tout s'agite un moment, tout cherche du secours,
Puis tout se tait. L'oiseau sous la forêt s'envole,
Et vers les bords ombreux s'élance la gondole.
La feuille est immobile et l'air est étouffant.
Mais voilà que soudain le nuage se fend,
Le ciel vomit la flamme; et la pluie et la grêle,
Sous leurs fouets crépitants, brisent l'arbuste frêle,

Le chaume d'or des toits, et les fleurs et les blés.
Alors les bestiaux se regardent troublés.
Ils ont peur. Puir ensemble, oubliant la pâture,
Ils s'élancent, beuglants, le long de la clôture,
Pour s'ouvrir un passage et chercher des abris.
Ainsi les villageois se regardent surpris,
A cette heure fatale où le cruel ministre
Ose leur faire part de cet arrêt sinistre.
Inclinant leurs fronts nus, mornes de désespoir,
Ils semblent se soumettre au suprême pouvoir.
Mais la pensée enfin d'un si profond outrage,
Les pousse à secouer, dans un accès de rage,
Ce joug qui n'est pas fait pour un peuple humble et
    doux.
Ils attaquent la porte, elle résiste aux coups.
Elle ne s'ouvre plus!... Des sanglots, des prières,
Des imprécations et des menaces fières
Font bien haut retentir, en cet affreux moment,
Le lieu de la prière et du recueillement.

Tout à coup, dans la foule, on voit le vieux Basile,
Frémissant, agité comme le mât fragile
Que fouette sur la mer un souffle violent,
Lever son large poing et, l'oeil étincelant,
Crier:
– "A bas! ces gueux! Ils ne sont pas nos maîtres.
"A bas! ces étrangers, ces perfides, ces traîtres
"Qui veulent nous chasser de nos humbles
    maisons!...
"Nous n'avons pas trahi. Quelles sont leurs raisons?

Mais il n'eut pas le temps d'en dire davantage;
Un soldat riposta:
                    – "Tiens! voilà ton partage ...
On a, vil paysan, sur nous assez bavé."

66

Henry Wadsworth Longfellow

L'Église commémorative au Parc National de Grand Pré, Nouvelle-Écosse. Photo: Sherman Hines

Les communautés acadiennes grandissant autour de la Baie de Fundy établirent leur agriculture sur les marécages salés. Des digues emphêchèrent les hautes marées d'atteindre les parties supérieures des marais, permettant la culture de vastes étendues de blé.

Illustration: Offert par les Archives publiques du Canada.

Quand elle s'en allait, en corsage de laine,
Porter aux moissonneurs, dans les champs
*   plantureux,*
Le midi, des flacons de cidre généreux.

Illustration: Frank Dicksee. De ''Evangeline: the Place, the Story, the Poem'', Cassell, Galpin & Co., New York, 1882. Dans la collection de Nova Scotia Legislative Library.

Les fiancés, assis dans la fenêtre ouverte.
Écoutaient, sur la rive, expirer l'onde verte,
Murmuraient quelques mots, ou paraissaient
       rêver,
Pendant que devant eux la lune, à son lever,
Glissait un rayon rose en la pâleur des vagues.

Illustration: F.O.C. Daley, de ''Evangeline'', Houghton
Mifflin and Company, Boston, 1893. Dans la collection de
Nova Scotia Legislative Library.

La plus jolie alors, et pourtant la moins vaine,
C'était la douce enfant du vieux Bellefontaine;
Le garçon le plus sage et le moins fanfaron,
C'était bien Gabriel, le fils du forgeron.

Tiré du film ''Evangeline'': Romance d'Acadie. (1920).

...Des sanglots, des prières,
Des imprécations et des menances fières,
Font bien haut retentir, en cet affreux moment,
Le lieu de la prière et du recueillement.

Illustratin: Jesse Wilcox Smith De "Evangeline", Houghton Mifflin and Company, Boston, 1897. Dans la collection de Nova Scotia Legislative Library.

Livides et muettes,
Conduisant vers la mer de pesantes charrettes,
Des hameaux qu'ombrageaient les vergers
*   opulents,*
Ces femmes, dans l'effroi, sortirent à pas lents.

"Gabriel! Gabriel!
Ne te désole point! Soumettons-nous au ciel,
Il veillera sur nous. Et que peuvent les hommes,
Que peuvent leurs desseins, Gabriel, si nous
        sommes,
Fidèles à l'amour autant que malheureux?"

Illustration: C.W. Jefferies. Offert par les Archives publiques du Canada.

Cependant un rameur d'une haute stature,
Un rameur qui portait un cor à sa ceinture,
Se leva de son banc, et puis interrogea,
Dans les lointain, les eaux qui brunissaient déjà.

Illustration: F.O.C. Darley. De ''Evangeline''. Houghton Mifflin and Company, Boston, 1866. Dans la collection de Nova Scotia Legislative Library.

Parfois, ils croyaient voir, à l'horizon lointain,
S'élever vers le ciel, dans l'air pur du matin,
De son camp éloigné la fumée ondulante.

Illustration: F.O.C. Darley. De "Evangeline", Houghton
Mifflin and Company, Boston, 1893. Dans la collection de
Nova Scotia Legislative Library.

Il veut lever la tête et lui tendre la main,
Aussitôt il retombe, et tout effort est vain!

Et d'un coup sur la bouche il le cloue au pavé.

Or, pendant que les cris de ceux qu'on brutalise
Font ainsi retentir la voûte de l'église,
Abîmé de chagrin, le vieux et saint pasteur
Jusqu'au pied de l'autel s'avance avec lenteur,
Et fait signe des mains à cette haîne folle
Qu'il veut parler. Alors tout se tait. Sa parole
Retentit comme un glas quand vient le jour des morts.

– "Hélas! que faites-vous, et pourquoi ces transports?
"Pourquoi ces cris? pourquoi cette aveugle colère?
"N'avez-vous pas compris ma bonté tutélaire,
"Alors que j'ai voulu vous rendre humbles de coeur?
"Quand vous osez maudire un barbare vainqueur,
"Aux âmes des païens vos âmes sont pareilles...
"J'ai perdu quarante ans d'oraisons et de veilles,
"Si vous n'êtes meilleurs; si vous ne savez plus
"Pardonner aux méchants comme font les élus;
"Si, loin de pardonner, vous cherchez la vengeance.

"C'est ici la maison d'un Dieu plein d'indulgence
"Ne la profanez point par d'aveugles excès.
"La haîne ici doit-elle, hélas! avoir accès?
"Oh! voyez sur la croix ce Dieu qui vous contemple!
"Ce Dieu crucifié doit vous servir d'exemple:
"Il souffre sans se plaindre. Imitez sa douceur.
"Du complot qui le tue il connaît la noirceur;
"Il se soumet pourtant. Voyez! sa lèvre pâle
"Semble jeter encore, au moment où s'exhale,
"Dans un dernier frisson, sa dernière douleur,
"Ce cri d'amour divin:
                          – "Père, pardonnez-leur!"
"Mes enfants, disons donc, nous que la peine accable
"Nous qui sommes l'objet d'une haine implacable:
– "Père, pardonnez-leur!"

Quand l'orage a cessé,
On entend la chanson dans le nid oppressé,
On voit le pré verdir et le calme renaître;
Tels les coeurs abattus, aux paroles du prêtre,
Retrouvèrent la force et la tranquillité.
Tous ces bons villageois, avec humilité
Levèrent sur le Christ des regards d'espérance;
Ils s'écrièrent tous, oubliant leur souffrance,
A genoux et plaintifs dans leur profond malheur:
– "Pitié, pitié, mon Dieu! mon Dieu,
        pardonnez-leur!"

Le jour baisse, et Grand-Pré si riant agonise!
Pendant que le départ en hâte s'organise,
Un clerc vient allumer les cierges de l'autel,
Et le pasteur, cachant son malaise mortel,
Chante un hymne divin. La foule, agenouillée,
Répond. Sa voix est forte, et les pleurs l'ont mouillée.
Sur l'aile de l'amour elle montait vers Dieu,
Comme monta jadis Élie en char de feu.
Un affreux désespoir du village s'empare,
Alors que des Anglais la conduite barbare
Est connue. Et l'on voit tremblants, épouvantés,
Les femmes, les enfants, courir de tous côtés.

Pendant qu'au temple saint l'iniquité s'opère,
Évangéline, en pleurs, attend son pauvre père.
Elle est dehors, la main au-dessus de ses yeux,
Afin de se garer du soleil radieux,
Qui verse, tout à coup, des torrents de lumière
A l'arbre du chemin, au toit de la chaumière.
Elle avait mis déjà sur la nappe de lin,
Pour le repas du soir, la corbeille de pain,
Et le flacon de cidre, et le nouveau fromage,
Et le miel odorant comme la fleur sauvage,
Puis, elle avait ensuite approché le fauteuil.

Ainsi l'infortunée attendit sur le seuil,
Jusqu'à l'heure tardive où loin, dans les prairies,
Les ombres des grands pins sur les herbes fleuries
S'allongent vers le soir. Et, comme une ombre aussi,
Descendit la terreur dans son coeur tout transi.
Elle était accablée, et pourtant sa jeune âme,
Comme un jardin céleste, exhalait le dictame
Des l'espérance douce et de la charité.

Elle ignorait toujours l'horrible vérité.
Elle partit alors, et, le long de la rue,
Comme une âme du ciel tout à coup apparue,
Courageuse, elle alla consoler, tour à tour,
Les vierges qui pleuraient comme elle leur amour;
Elle alla ranimer les malheureuses femmes,
Qui revenaient en hâte à leurs foyers sans flammes,
Et traînaient leurs enfants, tête-nue, en sabots,
Dans l'ombre d'où montaient de sinistres échos.

Le soleil au couchant empourprait les nuées,
Mais de molles vapeurs, d'argentines buées
De son orbe éclatant adoucirent les feux.
C'est ainsi qu'autrefois, en des temps merveilleux,
Quand du mont Sinai descendit le prophète,
Un voile de rayons environna sa tête.

A l'heure de mystère où s'efface le jour,
On entendit sonner l'Angélus dans la tour.
Comme un triste fatôme, anxieuse et plaintive,
Marchant à pas pressés, Évangéline arrive
A l'église, où régnait un silence de mort.
Elle cherche les siens et pleure sur leur sort.
Elle entre au cimetière; elle s'arrête, écoute;
Tout est calme et muet sous la pieuse voûte.

Ce silence l'effraie. Une vague souleur
Dans son coeur angoissé se mêle à la douleur.
D'une tremblante voix deux fois elle s'écrie:
"Gabriel! Gabriel!" Mais en vain sa voix prie,
En vain des pleurs amers viennent mouiller ses yeux,
Rien, rien ne lui répond; tout est silencieux
Dans les tombeaux des morts enfouis là, sous terre;
Tout est silencieux et s'obstine à se taire,
Dans ce temple qui semble un tombeau de vivants.

Passant le front courbé sur les sables mouvants,
Au foyer paternel, l'esprit rempli de trouble,
Elle revient alors; mais son chagrin redouble
A l'aspect désolé du large appartement.
Sous le toit solitaire entraient rapidement
Les ombres de la nuit et les spectres livides.
Les fantômes du soir hantaient les chambres vides.
Le souper sur la table, était entier encore;
Au foyer s'éteignait le dernier reflet d'or.

Ses pas, sur l'escalier et dans sa chambre chaste,
Réveillèrent l'écho. Bien loin, l'horizon vaste
Semblait, noyé dans l'ombre, un monde qu'on détruit.
Tout près de la fenêtre il se fit un grand bruit.
La pluie en crépitant tombait d'un noir nuage,
Et, sur le sycomore au superbe feuillage
Un souffle ardent passait. Tout à coup un éclair,
Comme un serpent de feu, parut déchirer l'air,
Et la foudre roula de colline en colline.

Dans sa chambre, à genoux, la pauvre Évangéline
Se rappela qu'au ciel est un Dieu juste et bon,
Qui voit tout l'univers s'incliner à son nom:
Elle se rappela l'histoire de la veille,
Et comment, tout à coup, le monde s'émerveille
Des leçons de ce Dieu. L'heure calme arrivait.
Elle dormit longtemps sur son lit de duvet.

V

Déroulant sur les eaux un long rayon d'opale,
Le soleil quatre fois monta dans l'azur pâle,
Quatre fois, en dorant l'humble croix du clocher,
Vers l'abîme, derrière un noirâtre rocher
Qui maculait le ciel dans un lointain de flammes,
Il descendit. Soudain, pour réveiller les femmes,
Aux premières lueurs du cinquième jour,
Le coq gaîment chanta dans mainte basse-cour.
Il chantait le départ. Livides et muettes,
Conduisant vers la mer de pesantes charrettes,
Des hameaux qu'ombrageaient les vergers opulents,
Ces femmes, dans l'effroi, sortirent à pas lents.

Elles mouillaient de pleurs la poussière des routes,
Et puis, de temps en temps, elles s'arrêtaient toutes
Pour regarder encore, une dernière fois,
Le clocher de l'église au milieu de leurs toits;
Pour regarder encore leurs champs mis au pillage,
Avant que la forêt qui couronnait la plage
Ne les vint pour jamais ravir à leurs regards.
Et les petits enfants, ennuyés des retards,
Aiguillonnant les boeufs de leurs voix menaçantes,
Auprès d'elles marchaient. Et leurs mains innocentes
Serraient contre leur coeur, quelques hochets bien
        chers
Qu'ils voulaient avec eux emporter sur les mers.

Ils se rendent enfin à l'endroit de la rive
Où la Gaspareaux mêle, en bruissant, son eau vive
Aux flots de l'océan. Et là, de toute part,
Ils errent, éperdus, attendant le départ.
On les surveille. On parle un insultant langage.
On entasse au hasard leur modeste bagage.
Et, tout le long du jour, d'un infernal accord,

Les solides canots les transportent à bord;
Et, tout le long du jour, de nouveaux attelages
Chargés péniblement, arrivent des villages.

Lentement du ciel bleu le soleil descendit.
Il allait disparaître. Alors on entendit
Le roulement pressé des tambours à l'église.
Une terreur profonde, une horrible surprise
Des femmes de Grand-Pré font tressaillir les coeurs,
Et sans peur des soldats, soupçonnant des horreurs,
Elles vont vers le temple. Or, voici que la porte,
En grinçant sur ses gonds, se rouvre, et, l'âme forte,
Sous l'oeil du sbire armé qui se tient auprès d'eux,
Sortent, tristes et lents, les prisonniers nombreux.

Quelquefois, pour trouver la fatigue légère,
De pauvres pèlerins, sur la terre étrangère,
Chantent, en cheminant, les refrains du pays;
Ainsi, dans les sentiers qui longeaient les taillis,
Les prisonniers chantaient en allant vers la grève,
Et c'était à leurs maux une légère trève.
Leurs épouses, leurs soeurs et leurs filles pleuraient!

Tour à tour cependant ces airs naïfs mouraient.
Mais voici que soudain un autre hymne commence:

"Coeur sacré de Jésus, ô source de clémence!
"Coeur sacré de Marie, ô fontaine d'amour!
"Daignez nous secourir en ce malheureux jour!
"Nous sommes exilés sur la terre des larmes,
"Pitié, pitié pour nous dans nos longues alarmes!"

Ouvrant la marche, émus, dans un sublime effort,
Les jeunes paysans chantent bien haut d'abord,
Puis, angoissés, les vieux qui viennent en arrière,
Puis, au bord du chemin, suivant dans la poussière,

Les femmes, les enfants... O les pieux accords!
Et, comme s'ils étaient les âmes de leurs morts,
Les oiseaux de l'azur et de la blanche nue
Mêlent à leur cantique une plainte inconnue.

Forte et calme devant un arrêt inhumain,
Un arrêt qui détruit un peuple, en son chemin
La vierge de Grand-Pré résolument s'arrête.
Vers le bourg que l'on quitte elle tourne la tête,
Et regarde venir les pauvres prisonniers.

Comme le bruit des flots sous les vents printaniers,
Retentissent leurs pas sur la terre durcie.
A leur mortel chagrin son âme s'associe,
Elle ne songe plus à son triste abandon.
Elle voit Gabriel. Sur son visage bon
Quelle étrange pâleur, hélas! s'est répandue!
Elle vole vers lui frissonnante, éperdue,
Presse ses froides mains:
                                           – "Gabriel! Gabriel!
"Ne te désole point! Soumettons-nous au ciel,
"Il veillera sur nous. Et que peuvent les hommes,
"Que peuvent leurs desseins, Gabriel, si nous sommes
"Fidèles à l'amour autant que malheureux?"

Sur ses lèvres de rose, à ces mots généreux,
Avec grâce voltige un triste et doux sourire.
Mais voici que soudain son humble joie expire.
Elle tremble et pâlit. Au milieu des captifs
Elle voit un vieillard dont les regards plaintifs
Se reposent, de loin, avec pitié sur elle.
Ce vieillard, c'est son père. Oh! sa peine est cruelle!
Il semble anéanti. L'horreur se laisse voir,
Et sur sa face pâle on lit le désespoir.
Le feu ne jaillit plus de sa lourde paupière,
Et la mort l'a courbé déjà vers la poussière.

Elle vole au-devant, se jette dans ses bras,
Le couvre de baisers et s'attache à ses pas.
Mais sa voix adorable et sa vive tendresse
Du vieillard désolé calment peu la détresse.

C'est alors que l'on vit, au bord des sombres flots,
Un spectacle navrant. Ici des matelots,
Malgré les pleurs amers et les sanglots des femmes,
Chantaient, de gais couplets aux accords de leurs
       rames,
Sur le rivage, là, des soldats insolents
Hâtaient par des jurons les prisonniers trop lents.
L'époux désespéré parcourait la pelouse,
Cherchant de toute part sa malheureuse épouse;
Les mères appelaient leurs enfants égarés,
Et les petits enfants allaient, tout effarés,
Pareils à des agneaux cherchant leurs tendres mères!

Malgré les pleurs brûlants et les plaintes amères,
On sépare, en effet, les femmes des maris,
                    Les frères de leurs soeurs, les pe
res de leurs fils!...
Que d'horreurs, Gaspareaux, vit ta rive tranquille!
Le jeune Gabriel, et son père Basile,
Sur deux vaisseaux divers furent ainsi traînés,
Tandis qu'auprès des eaux, doucement enchaînés,
Restaient le vieux Benoît et sa pieuse fille.

Le soleil disparut. La nuit sur la flottille
Tendit son voile obscur. Tout n'était pas fini,
Et sur la grève encore restait plus d'un banni.
Le reflux commençait, et l'océan, plus morne,
S'en allait en grondant vers quelque lointain morne,
Laissant, sur les cailloux, des algues et des joncs
Que tachetaient de blanc les sauvages pigeons.

Sur ce rivage nu que la nuit, en arrière,
Semblait fermer, au loin, d'une immense barrière,
Les pauvres exilés, jouets des trahisons,
Ayant pour toit le ciel, pour couche les gazons,
Erraient plaintivement comme de tristes ombres.
Leur retraite semblait un amas de décombres
Après un siège, un camp de Bohèmes nombreux.
S'enfuir, le pouvaient-ils, alors que devant eux
Les vagues de la mer se berçaient éternelles,
Que derrière eux veillaient d'actives sentinelles?...
L'océan qui rentrait en ses gouffres troublants,
Comme un collier, au bord, roulait ses galets blancs.
Les canots fatigués d'un travail méprisable,
Cà et là reposaient, échoués sur le sable.

Alors, comme le soir descendait sur les champs,
On entendit les voix des troupeaux mugissants
Qui laissaient le pacage et regagnaient les crèches,
En broutant aux buissons les feuilles les plus fraîches.
Mais la grasse génisse attendit vainement,
L'étable était fermée; et son long beuglement
Ne fit point revenir la joyeuse laitière,
Avec un peu de sel au fond de sa chaudière.

Nul oiseau ne chanta ce coucher plain d'effroi.
On n'ouit point sonner l'Angélus au beffroi;
On ne vit point surgir de légères fumées,
Ni luire de lumière aux fenêtres fermées!
Afin de réchauffer leurs membres engourdis,
Plusieurs des paysans, parmi les plus hardis,
Allèrent amasser, sur le tuf de la rive,
Quelques restes d'épave allant à la dérive.
Ils firent de grands feux. Dans la fraîcheur du soir,
Autour de ces brasiers beaucoup viennent s'asseoir;
D'autres s'en vont errants dans le jour qui s'efface...
Et des larmes de feu mouillaient leur pâle face!

La nuit dont maintenant s'enveloppe ce lieu,
N'étouffe point les cris qui s'élèvent vers Dieu.
Comme il allait naguère, en sa bonne paroisse,
De foyer en foyer apaiser une angoisse,
Annoncer une joie, ou donner un avis,
Tenant haut dans sa maine le divin crucifix,
Le coeur plain de tendresse, infatigable apôtre,
Le bon père Félix s'en va d'un feu vers l'autre,
Pour calmer et bénir son peuple infortuné.
Dans la lueur, là-bas, un groupe est prosterné.
Il reconnaît Benoît. Assise avec son père,
La vierge de Grand-Pré gémit, se désespère,
Car le vieillard succombe à sa grande douleur,
Et la mort l'a déjà voilé de sa pâleur.
Son oeil s'ouvre hagard, sinistre, et la pensée
Semble de son front large à jamais effacée.
Tel paraît un cadran où l'aiguille n'est plus.

L'enfant a prodigué mille soins superflus:
Une caresse tendre, une parole douce,
Un peu de nourriture et le cidre qui mousse;
Il demeure insensible, et son regard vitreux
Ne se détourne pas du flamboiement des feux.

– "Benoît, Benoît, soyons courageux dans l'épreuve,
"Et bénissons les maux dont le ciel nous abreuve.
"Pardonnons, fit le prêtre avec force et respect.

Il en aurait dit plus; mais au pénible aspect
De ce vieillard mourant, de cette jeune fille
Qui bientôt n'aurait plus ici-bas de famille,
Son âme se gonfla. Sur sa lèvre, en son deuil,
Chaque mot s'arrêtait, comme devant un seuil,
Le pied mal assuré d'un jeune enfant s'arrête.

Évangéline était à genoux. Sur sa tête

Il étendit les mains en invoquant les cieux
Où, dans la pourpre et l'or des sentiers glorieux,
Le soleil bienfaisant, les étoiles sereines,
S'en vont chantant toujours, peu soucieux des peines
Qui troublent notre monde, hélas, tant criminel!
Et, quand il l'eut bénie, au nom de l'Éternel,
Auprès d'elle, en silence, il s'assit sur des pierres.
Et des pleurs abondants coulaient de leurs paupières.

Une lueur parut du côté du midi.
Quand de la lune d'août le disque ragrandi
S'élève, vers le soir, à l'horizon de brume,
Rouge comme du sang, tout l'espace s'allume.
Aux reflets empourprés de l'astre de la nuit,
Chaque brin de verdure et chaque feuille luit;
La flamme, sur la mer, avec la vague ondule,
Et l'on dirait qu'au loin c'est la forêt qui brûle.

Ainsi paraît alors, dans cette nuit d'horreur,
S'élever et grandir la sinistre lueur.
Le village désert se couvre d'un lourd voile;
Une épaisse fumée enveloppe l'étoile,
Et, de ses noirs replis, comme un bras de martyr,
On voit à chaque instant une flamme sortir.

Tout croulait. Et c'était une horrible hécatombe.
Ainsi l'arbre géant pendant l'orage tombe,
Sous le vent ou la foudre, au milieu des sillons.
Et toujours la fumée, en épais tourbillons,
S'élevait vers le ciel. Au-dessus des toitures,
Et comme des lambeaux de superbes tentures,
Les gerbillons de chaume, en un vol irrité,
Sillonnaient, tout en feu, l'ardente obscurité.
Sur les eaux, les agrès des navires superbes
Semblaient lancer au ciel d'étincelantes gerbes,
Et tous ces feux tombaient comme un brûlant rideau,

Avec le grondement du fer rouge dans l'eau.
Sur le rivage et sur la mer, à ce coup rude,
Tout se tait un instant. Soudain la multitude
Pousse un cri de douleur oui meurt aux horizons.

– ''Nous ne reverrons plus, ô Grande-Pré! tes maisons!

On entendit mugir les troupeaux taciturnes,
Et les chiens inquiets hurler aux vents nocturnes.
On entendit les chants de maint coq libertin,
Qui croyait saluer le réveil du matin.

On entendit hennir, au milieu de la plaine,
Les chevaux qui couraient, fous de peur, hors
        d'haleine;
Et tous ces bruits divers formaient un bruit affreux,
Comme celui qui trouble un camp aventureux,
Endormi quelque part, après la marche dure,
Sur la mousse et la feuille, au désert de verdure
Qui ceint le Nébraska d'arbrisseaux élégants,
Quand viennent à passer, par un soir d'ouragans,
Tout auprès de l'endroit où s'élèvent les tentes,
Les naseaux enflammés, les crinières flottantes,
De sauvages coursiers qu'emporte le courroux,
Ou d'agiles troupeaux de bisons au poil roux.

Qui, tels furent les bruits, dans ces heures obscures
Où, rompant leurs liens et broyant les clôtures,
Les troupeaux effrayés, d'un même mouvement,
Sur les prés, au hasard, s'enfuirent follement.
Parmi les paysans dispersés sur la berge,
Étonnés et sans voix, le saint prêtre et la vierge
Regardaient la lueur qui grandissait toujours.
Assis à quelques pas, refusant tout secours,
Benoît, leur compagnon, demeurait impassible.
Il semblait ne point voir cette scène indicible

Que la nuit grandissait au lieu de la voiler.
Lorsqu'après un instant ils veulent lui parler,
Tombé près du caillou qui lui servait de siège,
Il était mort. De l'acte impie et sacrilège
Qui l'a tué, martyr, il en appelle à Dieu.

Le prêtre le bénit. Il se soulève un peu.
Évangéline tombe à genoux sur le sable,
Couvre d'ardents baisers son front méconnaissable,
Et supplie, et sanglote... Elle s'évanouit.
Et jusqu'à l'heure où l'aube au ciel s'épanouit,
Telle une fleur se ferme au milieu d'un parterre,
La pauvre enfant dormit ce sommeil de mystère,
Cet effrayant sommeil: l'évanouissement!

Quand elle s'éveilla, le fond du firmament
Réfléchissait encore l'éclat de l'incendie,
Les galets de la rive et l'herbe reverdie
Étincelaient encore. Ses amis l'entouraient,
Ils gardaient le silence. Elle vit qu'ils pleuraient.

Dans le trouble des sens, relevant son front blême,
Elle crut que c'était le jugement suprême,
Avec ses espoirs doux et ses justes effrois,
Puis elle reconnut une pieuse voix,
                                        Qui disait a
    la foule accourue auprès d'elle:

– ''Portons les restes saints de notre ami fidèle
''A l'ombre de cet arbre, au bord de cette mer;
''Et si nous revenons de notre exil amer,
''Nous irons, louant Dieu, le mettre en terre sainte...
''La haîne des méchants sera peut-être éteinte.''

Au bord des flots profonds, dans un sauvage endroit,
Ainsi fut enterré le vertueux Benoît.

Nul cierge ne brûla près de ses humbles restes;
Nul chant ne put monter aux portiques célestes;
La cloche du hameau ne sonna point de glas;
Mais les bons paysans pleurèrent son trépas,
Et la mer répondit à leurs plaintes funèbres.

Pourtant, on crut ouir au milieu des ténèbres,
Les versets alternés et l'accent solennel
Des moines à genoux dans l'amour fraternel.
C'était le grondement lointain de la marée
Qui montait avec l'aube. Et la foule effarée
Que la nuit avait vue errante sur les bords,
La foule des proscrits fut embarquée alors.

Des vents impétueux dans les haubans sifflèrent;
L'océan reflua; les voiles se gonflèrent,
Et les sombres vaisseaux, hissant leurs pavillons,
Ouvrirent dans la mer de bouillonnants sillons.
Ils laissaient sur la côte un village en ruine,
Ils laissaient un martyr sur la grève voisine!

SECONDE PARTIE

I

Déjà s'étaient enfuis bien des sombres hivers;
Les côteaux et les champs s'étaient souvent couverts
De verdure, de fleurs ou d'éclatantes neiges,
Depuis le jour fatal où des mains sacrilèges
Allumèrent le feu qui consuma Grand-Pré,
Et firent un désert d'un domaine sacré;
Depuis que loin des bords de la belle Acadie,
Honte unique en l'histoire, unique perfidie!
Les vaisseaux d'Albion, sous un prétexte vil,
Traînèrent pour jamais tout un peuple en exil.

Or, les Acadiens sur de lointains rivages
Furent disséminés, comme les fruits sauvages
Qui tombent d'un rameau que l'orage a cassé,
Comme les blancs flocons, alors qu'un vent glacé
Couvre, d'épais brouillards, les bancs de Terre-Neuve
Ou les bords enchantés de cet immense fleuve
Qui roule au Canada ses flots audacieux.

Sans amis, sans foyers, sous de rigides cieux
Ils errèrent longtemps de village en village,
Plusieurs ensemble ou seuls, de la torride plage
Où la savante, inerte en son lit indolent,
Aux baisers du soleil livre son sein brûlant,
Jusqu'aux lacs du Nord que le forêt domine,
Et qui dorment, l'hiver, sous un manteau d'hermine;
Des mers dont le bord semble orné de blancs rideaux,
Jusqu'à ces hauteurs où le Père des Eaux
Saisit les bancs de sable, et vers la mer les pousse
Avec mille débris de liane et de mousse,
Pour recouvrir les os de l'antique Mammouth.
Ils ne trouvèrent pas ce qu'ils cherchaient partout;
L'amitié d'un parent, le toit sacré d'un hôte.
Quelques-uns çà et là cheminaient côte à côte,
Et n'espéraient plus voir le foyer d'un ami.
Leur âme désolée avait assez gémi.
Ils n'aimaient plus la terre et sa joie hypocrite.
Sur des feuillets épars leur histoire est écrite,
Et ce sont, ces feuillets, les pierres des tombeaux.
Parmi les exilés qui promenaient leurs maux
Sur des terres de glace, ou sous des cieux de flamme,
On vit errer longtemps une plaintive femme.
Elle était jeune encore, et ses grands yeux rêveurs
Semblaient luire toujours de mystiques ferveurs.
Oui, la pauvre proscrite, elle était jeune et belle,
Mais alors bien affreux s'étendait devant elle
Le désert de la vie, avec ses longs sentiers

Bordés par les tombeaux de ceux qui les premiers
Fléchirent, dans l'exil, sous le poids des souffrances!

Elle avait vu mourir ses chères espérances,
S'envoler son bonheur et ses illusions.
Et son âme, fermée aux douces visions,
Ressemblait maintenant à l'âpre solitude
Où l'étranger s'enfonce avec inquiétude,
N'ayant pour se guider aux chemins incertains,
Que les débris des camps, et les brasiers éteints,
Et tous les os blanchis que le soleil fait luire.

Un vent de mort soufflait qui devait la détruire.
Elle était le matin avec son ciel vibrant,
Ses chants mélodieux, son effluve enivrante,
Qu'on verrait s'arrêter en sa pompeuse course,
Le ruisseau qu'on verrait remonter à sa source.

Dans les cités, parfois, elle portait ses pas;
Mais en vain; les cités ne lui redonnaient pas
L'ami qu'elle pleurait toujours. Désespérée,
Elle en sortait bientôt, et son âme altérée
Voyait la source fraîche, hélas! toujours plus loin!

Parfois elle venait, se croyant sans témoin,
Faible et lasse, s'asseoir au fond d'un cimetière.

Fixant ses yeux rougis sur la croix ou la pierre
Qui lui montraient l'endroit d'un suprême repos,
Elle s'agenouillait sur les humbles tombeaux,
Sur les tombeaux sans noms, les tombeaux que la
    foule
Regarde indifférente, et d'un pied distrait foule;
Et puis elle pensait:

                              – ''Il est peut-être là!
Et c'était son désir, en songeant à cela,

De dormir près de lui dans une paix céleste.

Mystérieuses mains qui l'appelaient d'un geste,
Une vague rumeur, un agréable bruit
Circulaient tout à coup, et son bon coeur, séduit,
Se ranimait alors et refoulait le doute.
Des voyageurs avaient, sur leur sauvage route,
Vu l'ami regretté qu'elle cherchait ainsi,
Mais c'était l'autre année, et c'etait loin aussi.

– "Oui, répondaient les uns, touchés de sa tristesse,
"Oui, nous l'avons connu, Gabriel Lajeunesse.
"Au récit de ses maux nos yeux se sont mouillés;
"Nous nous sommes souvent ensemble agenouillés.
"Son père l'accompagne. Il se nomme Basile.
"C'est un bon forgeron, un vieillard fort agile.
"Ils aiment la forêt; ils sont chausseurs tous deux, "Et
      parmi les chasseurs leur renom est fameux."

– "Gabriel Lajeunesse? un jour, contaient les autres,
"S'il nous en souvient bien, il fut aussi des nôtres.
"De la Louisiane il franchit avec nous
"Les plaines sans confins et les nombreux bayous."

Souvent avec bonté l'on disait:
                                    – "Ta peine,
"Pauvre enfant, sera-t-elle aussi longue que vaine?
"Pourquoi toujours l'attendre et l'adorer toujours?
"Il a peut-être, lui, renié ses amours.
"Il est d'autres garçons dans notre voisinage,
"Qui sauraient comme lui fonder un bon ménage.
"Combien seraient heureux de vivre auprès de toi!
"Tu charmerais leur vie, ils béniraient ta loi.
"Et Baptiste LeBlanc, le fils du vieux notaire,
"A pour toi tant d'amour qu'il ne saurait le taire.
"Donne-lui le bonheur en lui donnant ta main,

"Et que dès aujourd'hui ton deuil ait une fin.
"Si belle, coiffe-t-on, las! sainte Catherine?"

Mais elle répondait, douce et pourtant chagrine:
– "Donnerai-je ma main à qui n'a point mon coeur?
"L'amour est un flambeau dont la vive lueur
"Éclaire et fait briller les sentiers de la vie.
"L'âme qui n'aime pas au deuil est asservie:
"Le lien qui l'enchaîne est un lien d'airain,
"Et pour elle le ciel ne peut être serein."

Alors, son confesseur, ce protecteur fidèle
Qui, depuis le départ, était resté près d'elle,
En attendant qu'un père au ciel lui fut rendu,
Disait:
            – "Ma bonne enfant, nul amour n'est perdu.
"Quand il n'a pas d'écho dans le coeur que l'on aime,

"Quand d'un autre il n'est pas, hélas! le bien
        suprême,
"Il revient à sa source et plus saint et plus fort,
"Et l'âme qu'il embrase aime son triste sort.
"L'eau vive du ruisseau que le soleil appelle,
"Au ruisseau redescend toujours vive et nouvelle.
"Sois ferme et patiente au milieu de tes maux;
"Le vent qui peut briser les flexibles rameaux,
"Fait à peine frémir les branches du grand chêne.
"Sois fidèle à l'amour qui t'accable et t'enchaîne;
"Ne crains pas de souffrir et bénis tes regrets:"La
        souffrance et l'amour sont deux sentiers secrets
"Qui mènent sûrement à la sainte patrie."

La jeune Évangéline, à ces mots attendrie,
Levait avec espoir ses beaux yeux vers le ciel;
La coupe de ses jours n'avait plus tant de fiel.
Elle entendait encore, au fond de sa pauvre âme,

La mer se lamenter, comme en ce jour infâme
Du suprême départ. Mais, parmi les sanglots,
Une voix s'élevait qui dominait les flots,
Vois désolée aussi, mais que l'amour tempère,
Et cette voix disait:

                    – "Evangéline, espère!"

L'infortunée ainsi, pendant de nombreaux jours,
Promena dans l'exil sa peine et ses amours.
Sa jeune âme avait soif des douces sympathies,
Et son pied fatigue saignait sur les orties.

Esprit mystérieux, reprends ton noble essor,
Guide-moi de nouveau, je veux la suivre encor!
A ses côtés parfois et parfois à distance,
Je veux la suivre encore, la suivre avec constance,
Non pas sur tout chemin que la ronce a couvert,
Et non pas chaque jour où son coeur a souffert,–
Je ne sais tous les lieux où seule elle est allée, –
Mais comme un voyageur peut suivre, en la vallée,
Le cours capricieux d'un limpide ruisseau.
Le voyageur, ici, voit scintiller l'eau
Dans la trouée ouverte au fond de la ramure,
Et là, tout près du bord, il entend son murmure,
Mais il ne la voit point. Heureux est-il toujours,
Quand s'ouvre la forêt et repaiaît son cours.

II

Et c'est le mois de mai. La lumière ruisselle:
L'arôme des bois monte aux cieux. Une nacelle
Glisse rapidement sur le Mississipi.
Elle passe devant le Wabash assoupi,
Et devant l'Ohio qui balance ses nappes
Comme un champ de maïs berce ses blondes grappes.

Ceux qu'elle emporte, hélas! sont des Acadiens,
Des bannis résignés, dépouillés de leurs biens,
Les débris malheureux d'un peuple heureux naguère.

Ou vont-ils maintenant? Ils ne le savent guère.
Unis par la souffrance et par la foi, songeurs,
Depuis longtemps déjà ces pauvres voyageurs
Que la haîne poursuit, que le doute accompagne,
A travers la forêt, à travers la campagne,
Sur la terre ou les eaux, s'en vont toujours errants:
Ils cherchent leurs amis, ils cherchent leurs parents.

Parmi les fugitifs on voit Évangéline,
Semblable maintenant au cyprès qui s'incline
Sur la fosse profonde où dort un malheureux,
On voit l'humble pasteur, son guide généreux.

Et, pendant bien des jours, la vaillante pirogue,
Docile à l'aviron, sur le grand fleuve vogue;
Et, dormant bien des nuits, sous les chênes ombreux,
L'humble proscrit échappe à ses soucis nombreux.
Et la barque franchit des chutes aboyantes,
Rase des bords féconds, des îles verdoyantes,
Où le fier cotonnier berce, d'un air coquet,
Ses aigrettes d'argent et son moelleux duvet.

Elle entre maintenant dans les calmes lagunes
Où de longs bancs de sable, au-dessus des eaux
     brunes,
Comme des rubans d'or, lèvent leurs dos croulants.
Et, sur ces bancs étroits où les flots ondulants.
Murmurent, tout à tour, comme un nid qui ramage,
Elle voit miroiter le doux et blanc plumage
De mille pélicans; et loin, dans les roseaux,
Elle entend gazouiller mille étranges oiseaux:

La rive s'aplanit. Ici, dans un bocage,
Là, dans le châtoiement d'un verdissant pacage,
S'élève la maison du planteur enrichi,
Et du nègre indolent la case au toit blanchi.
Les exilés voyaient une terre féconde
Où se plaît le soleil, où le bien-être abonde,
Où de riches moissons se balancent au vent.
C'était la côte d'or. Courant vers le levant,
Le fleuve, sous l'azur, fait mainte étrange courbe,
Et ses flots, emportant leur fécondante bourbe,
Arrosent çà et là des bosquets d'orangers,
Des citronniers fleuris et de nombreux vergers.

Sans repos l'aviron plonge comme une dague,
Et la barque décrit, sur le sein de la vague,
Un sillon circulaire où tremble le ciel bleu.
Voilà que son élan se ralentit un peu;
Elle entre dans les eaux du calme Plaquemine.
L'heure est mélancolique et le soir s'illumine.

Les voyageurs s'en vont en ces nouveaux endroits
Où serpentent, sans bruit, mille canaux étroits,
Et leur nacelle glisse au hasard des flots sombres
Qui semblent un filet fait de mailles sans nombres.
Les cyprès chevelus, les lierres en faisceaux,
Au-dessus de leurs fronts forment de verts arceaux
Où s'accrochent des fleurs, des mousses diaphanes,
Où flottent mollement de légères lianes,
Comme aux voûtes d'un temple, illustres oripeaux,
On voit flotter parfoix des loques de drapeaux.

Il règne dans ces lieux un effrayant silence;
On entend seulement le héron qui s'élance,
Au coucher du soleil, vers le grand cèdre noir,
Dont les rameaux touffus lui servent de juchoir,
Ou le rire infernal, quand vient aussi la brune,

D'un grand hibou qui sort pour saluer la lune.
Et la lune monta dans le ciel. Ses rayons
Tracèrent sur les eaux de lumineux sillons,
Drapèrent les cyprès dans une écharpe blanche,
Coururent mollement le long de mainte branche,
                                    Glissèrent à
  travers des sommets assombris,
Comme, au lever du jour, on voit dans les débris
Des antiques donjons qui tombent en ruine,
Glisser les fils d'argent d'une vague bruine.

Voguant silencieux, peu à peu les proscrits
Sentirent une angoisse éteindre leurs esprits.
Pleins du pressentiment d'un mal inévitable,
Ils croyaient parcourir un chemin redoutable.
Flottant dans l'ombre épaisse ou les fauves clartés,
Les choses autour d'eux, en ces lieux écartés,
Revêtaient tout à coup la plus étrange forme,
Tout à coup se fondaient en une masse énorme,
Et leurs coeurs, trop émus des menaces du sort,
Se sentaient oppressés comme devant la mort.

Souffrant peut-être ainsi, la frêle sensitive
Referme sa corolle et se penche craintive,
Quand, au loin dans la plaine, un coursier au galop
Fait retentir le sol de son poudreux sabot.

Mais une vision d'une douceur divine
Vient charmer, un moment, l'âme de l'orpheline.
Dans cet air qui l'enivre et ces fauves décors,
Intense, sa pensée a soudain pris un corps.
Un spectre ravissant glisse sur l'or des lames.
Il vient vers le canot. Hâtez-vous, faibles rames!

C'est pour elle qu'il vient. . . . Son coeur bat éperdu,
Car elle reconnaît le fiancé perdu.

Cependant un rameur d'une haute stature,
Un rameur qui portait un cor à sa ceinture,
Se leva de son banc, et puis interrogea,
Dans le lointain, les eaux qui brunissaient déjà.

Et, pour voir si quelqu'un, alors perdu dans l'ombre,
Suivait aussi le cours de ces bayons sans nombre,
Il prit son instrument et souffla par trois fois.
La fanfare éclatante éveilla sous les bois
Mille échos étonnés, mille voix inquiètes,
Qui moururent au loin, dans leurs sombres cachettes.
On entendit, dans l'air, des ailes s'agiter,
On entendit, sur l'eau, des roseaux palpiter;
On vit, le long des bords, mainte ordorante tige
Secouer ses parfums dans un plaisant vertige;
Mais pas une voix d'homme, en l'immense rumeur,
Ne répondit alors à l'appel du rameur.
Tout murmure cessa. Dans l'angoisse du calme
La vierge de Grand-Pré, telle une frêle palme,
Sur le bord du canot s'inclina doucement,
Et, dans un long sommeil, oublia son tourment.

Tantôt le canotier en silence pagaie,
Et tantôt il redit, d'une voix qui s'égaie,
Les chansons que naguère il chantait fièrement
Sur ses fleuves aimés. Et, dans l'éloignement,
Sous la ramure épaisse où la faune fourmille,
Semblables aux frissons qui troublent la charmille,
Semblables aux soupirs qui viennent des beffrois,
Montèrent mille sons, mystérieuses voix
Des esprits ou des vents de cette solitude,
Qui venaient se mêler aux cris d'inquiétude
Des fauves effrayés, au vol du grand condor,
Au long rugissement de quelqu'alligator.

Le matin, quand le jour vint sourire à la terre,

Ils poursuivaient encore leur course solitaire.
Ils voguaient sur les lacs de l'Atchafalaya.
Un souffle chaud courut, et le soleil brilla.
Les nénuphars berçaient leurs corolles mignonnes,
Les lotus aux proscrits apportaient leurs couronnes.
L'air était embaumé des sauves senteurs
Que les magnolias épanchaient de leurs fleurs,
Et que l'ardente brise emportait dans l'espace.

Sous l'actif aviron, la nacelle qui passe
Donne aux eaux qu'elle fend des lueurs de falot.
Elle s'approche enfin d'un verdoyant îlot,
Que les oiseaux charmaient de leurs douces sonates,
Que les rosiers en fleurs ornaient de blondes nattes,
Où la mousse et l'ombrage invitaient au sommeil.
Les pauvres exilés, bronzés par le soleil,
Se dirigent alors vers l'endroit de la côte
Où l'ombre est plus épaisse, et la forêt, plus haute.
Ils amarrent leur nef. Là, des arbres altiers
De leurs rameaux touffus les couvrent tout entiers.
Ils demandent leur couche aux floraisons vermeilles.

Fatigués du travail, et fatigués des veilles,
Ils s'endorment. Bientôt des songes gracieux
Evoquent d'autres temps, évoquent d'autres cieux.
Un cèdre balsamique au-dessus d'eux frissonne.
La vigne plantureuse et la blanche bignonne,
Comme de longs cordeaux, à ses rameaux dormants
Suspendent, enlacés, leurs tiges, leurs serments,
Et forment, au désert, des échelles étranges,
Échelles de Jacob où voltigent des anges;
Mais les anges, ce sont de brillants colibris
Qui butinent gaîment les échelons fleuris.
Jusqu'au lever du jour, sur sa couche de mousse,
La vierge s'envira de la vision douce.
Sous l'arbre gigantesque, heureuse, elle dormait.

A ce rêve si beau le passé se fermait,
Le ciel enfin touché souriait à sa flamme,
Et les rayons d'en haut illuminaient son âme.

A travers les îlots, dans l'ombre du massif,
Et glissant vite aussi, venait un autre esquif.
Des chasseurs le montaient. Aucunes chansons gaies
Ne réglaient cependant le rythme des pagaies.
Ils allaient vers le nord, aux lointains horizons,
Chasser le castor doux et les rudes bisons.

Jeune et cherchant l'oubli, sa dernière ressource,
Un étranger guidait l'aventureuse course.
Des cheveux emmêlés effleuraient ses sourcils,
Et son oeil laissait voir la trace des soucis.
Son âme était bercée au vent de la tristesse.
Ce jeune homme, c'était Gabriel Lajeunesse.

Sans espoir, en effet, redoutant l'avenir,
Et toujours poursuivi par l'amer souvenir
De son bonheur perdu, de sa foi profanée,
Il fuyait tous les lieux pour fuir sa destinée;
Il allait demander enfin aux bois discrets,
De cacher ses douleurs, d'endormir ses regrets.

Creusant un clair sillon dans l'élément docile,
Le vagabond esquif s'avance jusqu'à l'île
Où s'était arrêté le canot des proscrits:
Mais il ne vogue point vers les pompeux abris
Que les arbres formaient en enlaçant leurs palmes,
Il longe l'autre bord et fuit sur les eaux calmes.

Gabriel le chasseur, sur sa rame courbé,
Ne vit point, à la rive, un canot dérobé
Sous les tissus du jonc et les branches du saule:
Gabriel ne vit point, non plus, la blanche épaule

D'une vierge endormie, à l'ombre des palmiers.
Le bruit des avirons, la voix des nautonniers
Ne réveillèrent point ceux qui dormaient, comme elle,
Sur la mousse des bois, sous le toit de dentelle
Que formaient en ces lieux les rameaux odorants.

Le canot des chasseurs glissa sur les courants,
Comme un nuage au ciel, lorsque le vent s'élève.
Et, quand il eut longé la courbe de la grève,
Que le cri des tolets mourut dans le lointain,
Plusieurs des fugitifs s'éveillèrent soudain,

L'esprit bouleversé d'une angoisse inouie.
Pourtant Évangéline est toute réjouie;
Elle parle au pasteur avec effusion.
Elle dit:
                      – ''O mon père, est-ce une illusion
''Qui de mes sens troublés soudainement s'empare?
''Est-ce un futile espoir où mon âme s'égare?
''Ai-je entendu la voix d'un ange du Seigneur?
''Quelque chose me dit que je touche au bonheur,
''Que Gabriel est proche... Est-ce un divin présage?''

La pourpre tout à coup enflamma son visage,
Et puis elle ajouta mélancoliquement:

– ''O mon père, j'ai tort! J'ai tort assurément,
''De vous parler ainsi de ces choses frivoles;
''Votre esprit sérieux hait les vaines paroles.''

– ''Mon enfant, répliqua le sensible pasteur,
''Ton espoir est permis, ton rêve est enchanteur,
''Et tes illusions pour moi ne sont pas vaines.
''Puisse cela marquer le terme de tes peines!
''Les pensées sont cachés, mais la parole, enfant,
                      ''Qui flotte au-dessus d'eux, les réve

le pourtant,
"Ainsi que la bouée, en la mer étendue,
"Révèle le bas-fond où l'ancre est descendue.
"Espère, fiancée, et calme ton souci,
"Ton ami Gabriel n'est pas bien loin d'ici...
"La Têche coule au sud, Saint-Maur est sur la rive;
"Saint-Maur et Saint-Martin. Notre pirogue arrive,
"Et, c'est là que l'épouse, après un long ennui,
"Retrouvera l'époux et vivra près de lui;
"Que le pasteur pourra, sous son humble houlette,
"Réunir de nouveau le troupeau qu'il regrette!

"Le pays est charmant, féconds sont les guérets,
"Et les arbres fruitiers parfument les forêts.
"Un ciel plain de lumière arrondit sur nos têtes
"Un voûte d'azur, que supportent les crêtes
"D'inaccessibles rocs et de monts éloignés.
"Ces lieux, divinement le ciel les a soignés,
"Et du sol, sans travail, toute richesse émane;
"Ils sont bien dits; l'Éden de la Louisiane."

Après ces quelques mots du prêtre vénéré,
La troupe se leva. L'esquif fut démarré;
Il vogua tout le jour sur la vague de moire.

Mais avant que la nuit ouvrit son aile noire,
Au fond de l'occident, le soleil radieux,
Comme un magicien dont l'art charme les yeux,
Tendit sa verge d'or sur la face du monde,
Et noya dans le feu le ciel, la terre et l'onde.
La surface du lac, la plaine, le buisson
Tressaillirent alors d'un amoureux frisson,
Et parurent lancer des gerbes vigoureuses.

Avec ses avirons d'où les eaux vaporeuses
Retombaient goutte à goutte, en larges diamants,

Le canot des proscrits, sur ces flots endormants,
Ressemblait au nuage à l'éclatante frange
Qui flotte entre deux cieux au souffle pur d'un ange.
Le front d'Évangéline était calme et serein:
Pour elle enfin le ciel me serait plus d'airain,
Et l'amour rayonnait sur sa jeune âme austère,
Ainsi que le soleil rayonnait sur la terre.

S'élençant tout à coup d'un bocage voisin,
Et grisé sûrement d'amour ou de raison,

Un jeune oiseau moqueur, le plus sauvage barde,
Le chanteur le plus gai, vint, d'une aile gaillarde,
Se percher au sommet d'un superbe bouleau,
Qui penchait son tronc blanc sur les remous de l'eau.
Il chanta. La forêt suspendit ses murmures.
Ses notes scintillaient, ravissantes et pures,
Comme un ruisseau de perle à travers des récifs.

Ses cris furent d'abord timides et craintifs:
C'était comme un soupir des âmes délaissées.
Mais sa voix s'anima. Ses roulades pressées
Firent trembler au loin les feuillages touffus.
Brillants coups de gosier, sanglots, trilles confus,
C'était un cri d'orgie, un appel du délire.
Il parut babiller et s'éclater de rire;
A la brise il jeta des accents de courroux:
Il modula longtemps des sons tristes et doux;
Puis, mêlant brusquement toute cette harmonie,
En faisceaux éclatants sur les bois d'alentour.

Il arrive parfois, sur le soir d'un beau jour,
Qu'une brise légère, après quelques ondées,
Agite des tilleuls les cimes inondées,
Et fait tomber la pluie en gouttes de cristal,
De rameaux en rameaux, jusqu'au fond du val;

Ainsi l'oiseau moqueur, juché dans le feuillage,
Fit pleuvoir sur les bois son divin babillage.

Soutenus par l'espoir, bercés par ces accords,
Les pauvres exilés longent de nouveaux bords;
Ils voguent dans la Têche, à travers les prairies.
Au-dessus des forêts, comme des draperies,
Des orbes de fumée ondulent dans les airs.
Ils entendent là-bas, dans ces lieux moins déserts,
Le cor qui retentit par delà les bocages,
Ils entendent les boeufs mugir dans les pacages.

III

Au bord de la rivière, en un charmant endroit,
Un endroit où régnait la paix, luisait le toit
Dont les proscrits, de loin, avaient vu la fumée.
Un chêne l'ombrageait. La mousse parfumée
Et le gui merveilleux qu'en la nuit de Noël
Venait couper, selon le rite solennel,
Avec la serpe d'or, le mystique druide,
Grimpaient légèrement au chêne, leur égide.

C'était le toit d'un pâtre. Il était large et bas.
Un jardin l'entourait où les fleurs, sous les pas
Des visiteurs ravis, versaient d'étranges baumes.
Derrière ce jardin se déroulaient les chaumes.
On avait abattu, dans un bosquet, tout près,
Pour bâtir la maison, les plus altiers cyprès.
Des poteaux élégants portaient la galerie;
Et la vigne légère, et la rose fleurie,
Que venait caresser l'oiseau-mouche coquet,
Ornaient tous ces poteaux d'un odorant bouquet.
Au bout, presque cachés sous la ramure épaisse,
Sans cesse bourdonnant et roucoulant sans cesse,

Étaient l'ardente ruche et le doux colombier:
L'abeille travailleuse et l'amoureux ramier.

Ces lieux étaient plongés dans un calme sublime,
Les rayons du soleil doraient encore la cime
Des bois mystérieux qui frangeaient l'horizon,
Mais les ombres déjà planaient sur la maison.

La fumée, en sortant des hautes cheminées,
Formait des orbes bleus, des vagues satinées,
Qui rayaient le ciel pur, comme un rustique andain
Raie un champ que l'on fauche. Et, parti du jardin,
Derrière la maison, par un bosquet de chêne,
Un sentier conduisait, large ruban d'ébène.
Jusqu'à la prairie où de chaudes lueurs
Le soleil inondait les gazons et les fleurs.

Et c'était comme un lac dont les ondes bénignes
Auraient dormi. Les ifs où s'accrochaient les vignes,
Sombres dans l'or du soir, paraissaient des vaisseaux
Que le calme profond enchaînait sur les eaux.

Sur un cheval ardent qui hennit et folâtre,
Des bords de la forêt, voici venir un pâtre.
Il revêt un pourpoint fait de peau de chevreuil.
Sa figure bronzée a presque de l'orgueil
Quand, sous le sombrero, son regard se promène,
Satisfait et ravi, sur l'admirable scène
Qu'autour de lui le soir déroule lentement.
Les troupeaux, çà et là, broutent paisiblement
La pointe du gazon et la feuille moelleuse.
Ils savourent surtout la fraîcheur vaporeuse
Qui s'élève de l'onde et s'étend sur le pré.

Arrêtant son cheval sur le champ diapré,
Il prend le cor vibrant que sa ceinture porte,

Et souffle une clameur, à la fois douce et forte,
Qui va se perdre au loin dans les brumes du soir.
Au signal familier, aussitôt, l'on put voir
Les troupeaux attentifs lever leurs cornes blanches,
Au-dessus du foin vert et des légères branches,
Comme des flots d'écume au-dessus des cailloux.
En silence, d'abord, ouvrant leurs grands yeux roux,
Pendant une minute ils regardent, hésitent,
Et puis, tous en beuglant soudain se précipitent
Comme un nuage épais dans les champs élargis.
Et le berger vaillant revient à son logis.

Et, comme il arrivait sur son cheval superbe,
Par la sente battue en l'épaisseur de l'herbe,
Il voit, près du jardin, la vierge et le pasteur
Qui s'avancent vers lui, marchant avec lenteur,
Et comme intimidés. Ravi de l'aventure,
Il s'arrête, d'un bond descend de sa monture,
Et court au-devant d'eux en leur ouvrant ses bras.

Les voyageurs, d'abord, restent dans l'embarras;
Mais, sous les traits brunis de ce vieux pâtre agile,
Ils retrouvent bientôt le forgeron Basile.

Basile, tout joyeux, conduit dans le jardin
Ces amis que le ciel lui redonne soudain;
Et là, sous la tonnelle et dans un nid de roses,
Ensemble on s'entretient de mille et mille choses.
On parle du présent, on parle du passé,
On parle du pays d'où chacun fut chassé...
On voudrait épuiser un sujet qu'on effleure;
On est joyeux ou triste, et l'on rit et l'on pleure.

Parfois Évangéline, à travers le bosquet,
Plonge, silencieuse, un regard inquiet:
Elle cherche quelqu'un, puis, elle craint d'entendre

Pourquoi l'objet aimé se fait encore attendre.
N'est-ce donc pas ici qu'elle doit le revoir?

Basile, cependant, comprend le désespoir
Qui couve dans le coeur de la jeune proscrite;
Il ressent à son tour une angoisse subite,
Et, d'une voix émue, il demande aussitôt:

– ''N'avez-vous rencontré nulle part un canot?. . .
''Du lac et des bayons il a suivi la route.
''Gabriel le conduit. Vous l'avez vu sans doute.''

Or, dès les premiers mots que l'hôte prononça,
Sur le front de la vierge un nuage passa;
Au bord de sa paupière une larme vint luire,
Puis, avec un accent qu'on ne saurait traduire,
Elle s'écria:
                    – ''Ciel! Gabriel est parti!??

Son coeur dans le chagrin parut anéanti,
Et les échos du soir tristement murmurèrent:

''Gabriel est parti!''
                    Les exilés pleurèrent,
Le forgeron Basile avec bonté reprit:

– ''Ne laisse pas le trouble agiter ton esprit:
''Sèche tes pleurs; le ciel soutiendra ton courage.
''Attends. Désespérer serait lui faire outrage.
''Ce matin seulement il est parti d'ici,
''Ton Gabriel. Le sot, d'avoir si vite ainsi,
''Et presque malgré moi, fui notre domicile.
''Il était devenu d'une humeur difficile;
''Il haïssait le monde et n'endurait que moi;
''Il ne parlait jamais, ou bien parlait de toi.
''Dans les cantons voisins aucune jeune fille

"Ne semblait, à ses yeux, vertueuse ou gentille.
"Pour lui rien ici-bas n'avait plus de valeur.

"Son départ m'a rempli d'une grande douleur,
"Et sans cesse j'entends sa dernière parole.
"Il doit, dans Andayès, une ville espagnole,
"Acheter des mulets aux pieds sûrs et mordants.
"Il veut suivre, de là, sous des cieux moins ardents,
"Les Sauvages du Nord jusque sous la Grande Ourse.
"Il chassera partout, dans cette longue course,
"Le fauve et le gibier au fond des bois épais.

"Calme-toi, mon enfant, et goûte encore la paix,
"Nous saurons retrouver cet ami téméraire.
"Sa nacelle d'écorce a le courant contraire..
"Demain nous partirons, sitôt que le matin
"Fera luire les eaux d'un reflet argentin,
"Et que la nuit t'aura quelque peu reposée.
"En côtoyant des bords tout brillants de rosée,
"Nous rejoindrons bientôt l'amoureux braconnier,
"Et tu pourras alors le faire prisonnier."

On entendit soudain des voix vives et gaies;
On vit des jeunes gens franchir les vertes haies
Qui miraient dans les eaux leur riche floraison.
Ils portaient en triomphe, à travers le gazon,
Michel, le vieux joueur de violon rustique.

Basile le gardait comme un dieu domestique,
Il mêlait, lui du moins, quelques rires aux pleurs,
Et son archet créait des sons ensorceleurs.
Il rappelait vraiment un dieu gai de la fable.
Il était renommé pour sa manière affable,
Pour ses cheveux d'argent et pour son violon.

– "Longue vie à Michel, le roi du rigodon!"

Crièrent, à la fois, en écartant les saules,
Les gars qui le portaient sur leurs fortes épaules.

Or, le père Félix, en les apercevant,
De la main les salue. Il s'avance au-devant.
Dès qu'il voit s'approcher le vénérable prêtre,
Le vieux ménestrel sent, dans son âme, renaître
Les ravissants transports d'un âge plus heureux.
Il se met à pleurer. Des souvenirs nombreux
A ses esprits émus alors se présentèrent,
Et vers les temps enfuis ses pensées remontèrent.

L'enfant du vieux Benoît baise ses cheveux blancs.
Il la presse en ses bras, en ses bras tout tremblants,
Et mouille son front pur de ses brûlantes larmes.
La pauvre Évangéline, elle avait bien des charmes
Quand il la fit danser pour la dernière fois,
Avec son Gabriel et les gais villageois,
Au son du violon, sous le ciel d'Acadie!
Elle ne s'était pas, à coup sûr, enlaidie,
Et plus pur que jamais devait être son coeur
Éprouvé longuement au creuset du malheur.

Oubliant tout à fait ses épreuves amères,
Basile embrasse alors les filles et les mères.
Il crie, il rit, il chante. Il se croit tout permis
Pour mieux montrer sa joie à ses anciens amis.
Ces proscrits de Grande-Pré que le hasard rassemble,
Longtemps dans le jardin s'entretiennent ensemble
Du bonheur qu'ils goûtaient au village natal,
Et des maux endurés depuis l'arrêt fatal.
Ils admirent pourtant l'existence tranquille
Que passe à l'étranger le forgeron Basile;
Ils écoutent longtemps, avec avidité,
Le récit qu'il leur fait de la fécondité
Des ces prés sans confins, dont la riche verdure

Nourrit mille troupeaux errant à l'aventure.
Et, quand l'ombre du soir vient à se déployer,
Telle une sombre tente, ils font cercle au foyer.
On prépare aussitôt un souper confortable.
Puis, là Père Félix, debout près de la table,
Récite à haute voix le bénédicité,
Et chacun dit: *Amen*, en sa félicité.

Lentement, lentement, sur la fête nouvelle
La nuit silencieuse avait ouvert son aile.
Tout était, au dehors, calme et tranquillité.
Donnant au paysage un éclat argenté,
La lune se leva souriante, sans voile,
Et monta dans l'azur où scintillait l'étoile.

Le bonheur du moment: rires, pleurs et couplets,
Sur le deuil du passé renvoyait ses reflets.
On causait avec verve, et le front des convives
Semblait s'illuminer de lumières plus vives
Que celles qui flottaient au sombre firmament.
Le pâtre réjoui versait abondamment,
Dans les vases d'étain, le doux jus de la vigne.
Aux siècles de la fable il aurait été digne
De verser le nectar à la table des dieux.

Alors que fut fini le repas copieux,
Il alluma sa pipe et parla de la sorte:
– "Oui, vous tous, mes amis, qui frappez à ma porte,
"Après avoir erré sous des cieux inconnus,
"Je vous le dis encore, soyez les bienvenus!
"L'âme du forgeron ne s'est pas refroidie.
"Il se souvient toujours de sa belle Acadie,
"Et de l'humble maison qu'il avait à Grand-Pré.
"Pour lui le malheureux est un être sacré.

"Demeurez avec moi dans ces fertiles plaines.

"Le sang n'y gèle pas, croyez-le, dans nos veines,
"Comme chez-nous, l'hiver. Dans le sol nuls cailloux
"Du laboureur actif n'excitent le courroux,
"Point d'insectes méchants. Et, dans chaque domaine
"La mordante charrue, au printemps, se promène
"Comme un esquif léger sur la nappe des eaux.

"On ne voit pas tarir nos limpides ruisseaux.
"Dans toutes les saisons les orangers fleurissent,
"Et les fruits les plus beaux en nos vergers mûrissent.
"Des flots de blonds épis roulent sur les guérets,
"Et des bois précieux remplissent les forêts.
"Au milieu de nos prés on voit sans cesse paître
"De sauvages troupeaux dont chacun est le maître.

"Quand nos toits sont debout au milieu des moissons,
"Que nos grasses brebis aux épineux buissons
"Accrochent, en passant, leurs blancs flocons de laine,
"Que d'un foin parfumé chaque grange est bien
        pleine,
"Que dans les prés en fleurs qui s'étendent là-bas,
"Les génisses vont paître ou prendre leurs ébats,
"Nul roi Georges ne vient, par d'infâmes apôtres,
"Sans honte nous ravir tous ces biens qui sont
        nôtres."

De sa large narine, alors, le laboureur
Fit jaillir tout à coup un souffle de fureur,
Et frappa de son poing la table de mélèze.
Ses compagnons, surpris, bondirent sur leur chaise,
Et le père Félix oublia, cette fois,
La prise de tabac qu'il tenait dans ses doigts.

Mais un instant après, le sourire sur les lèvres,
Il ajouta:
                    – "Pourtant, défiez-vous des fièvres:

"Elles sont bien à craindre en ces brûlants climats.
"Comme dans l'Acadie on ne les guérit pas
"En mettant à son cou, durant mainte journée,
"Une écale de noix avec une araignée."

On poursuivait gaîment l'entretien familier,
Quand on entend, dehors, sur le vaste escalier,
Avec un bruit de pas un torrent de paroles,
C'étaient les invités; quelques jeunes créoles,
Et des Acadiens devenus des planteurs,
Loin du joug odieux de leurs persécuteurs,
Sur le sol fortuné qui leur offrait asile.

Bien souvent ils venaient chez leur ami Basile.
Plusieurs avaient connu, dans le bourg de Grand-Pré,
La jeune Évangéline et le pieux curé.
Il était beau de voir, réunis au même âtre,
Tous ces infortunés. En effet, chez le pâtre,
Après de longs labeurs et des courses sans fin,
Des voisins, des amis se retrouvaient enfin.
On riait follement, on pleurait sans contrainte,
Et les mains se serraient dans une chaude étreinte.
Les inconnus d'hier, amis dorénavant,
Sans gêne obéissaient à l'entrain émouvant;
Ils voyaient naître là des amitiés sincères...
Partout, il est bien vrai, les malheureux sont frères.

Dans ces épanchements, dans ces rires, alors
Passa, comme un rayon, une gerbe d'accords.
Michel, le troubadour aux longs cheveux de neige,
Et tous les jeunes gens qui lui faisaient cortège,
Se trouvaient réunis dans un autre salon,
Et le barde accordait, ému, son violon.

Bientôt les pieds brûlants s'agitent en cadence.
Sous les lambris de cèdre une bruyante danse

Enlace savamment ses orbes gracieux,
Et des éclairs de joie embrasent tous les yeux.
Pareils à des enfants que le plaisir transporte,
Ils ont tout oublié. La danse les emporte
Avec un grand froufrou de légers cotillons,
Au rythme de l'archet, dans ses gais tourbillons.

Ainsi depuis longtemps l'allégresse s'exhale.
L'un près de l'autre assis, tout au bout de la salle,
Basile et le pasteur parlaient, les yeux baissés,
De leur ami Benoît qui les avait laissés.
Évangéline, seule, au gré des rêveries,
Promenait ses regards sur les vastes prairies;
Bien des tristes pensées et des chastes désirs
S'éveillaient dans son âme au bruit de ces plaisirs!
Les propos amusants, la danse, la musique
La rendaient plus pensive et plus mélancolique;
Elle entendait toujours les regrettés accents
De l'océan plaintif et des bois fleurissants.

Elle sortit, pour fuir une joie importune.
Le vent ne soufflait point; l'oiseau dormait. La lune
De ses rayons d'argent inondait les champs mûrs,
Et les grands bois lointains qui paraissaient des murs.
A travers les rameaux, sur la calme rivière,
Tombait de place en place un réseau de lumière,
Comme tombe un penser d'espérance et d'amour
Dans l'âme qui se trouble et qui se ferme au jour.

Et la fleur, autour d'elle, ouvrant son brillant vase,
Sa corolle d'argent, sa coupe de topaze,
Et la fleur répandait, humblement et sans bruit,
Un suave parfum sur l'aile de la nuit;
Et c'était son hommage à l'adorable Maître
Qui veillait sur ses jours après l'avoir fait naître.
Mais l'âme de la vierge offrait alors aux cieux

Un arôme plus pur et plus délicieux;
Comme la fleur, pourtant, elle était exposée
Aux ténèbres du soir, à l'amère rosée.

Or, quand elle eut franchi la porte de l'enclos,
Sous les chênes ombreux où mouraient les échos,
A pas lents et rêveuse, elle suivit la sente,
Et la lune inonda son âme languissante
D'une tristesse douce. Alors tout se taisait.
Sur l'immense prairie, au loin, tout reposait,
Hors, dans le chaud gazon, les tendres bestioles,
Et, dans l'air embaumé, de vives lucioles
Dont le vol dessinait de légers traits de feu.

Au-dessus de son front, dans le fond du ciel bleu,
Pensées du Tout-Puissant rendues partout visibles,
Vivement scintillaient les étoiles paisibles.
L'homme n'admire plus ces merveilles de Dieu;
Seulement il a peur quand il voit, au milieu
De ce temple divin qui s'appelle le Monde,
Paraître une comète ardente, vagabonde,
Comme une main de feu qui burine un arrêt.

Elle était sur la terre, et sa pauvre âme errait
Dans les champs infinis où rayonne l'étoile,
Comme sur la mer vaste une barque sans voile.
Triste, elle s'écria:
– ''Gabriel, Gabriel,
''Où fuis-tu? Vers quels lieux te conduit donc le ciel?
''N'entends-tu pas enfin ma voix qui se lamente?
''Ne devines-tu pas l'ennuis qui me tourmente?
''Je te cherche partout, nulle part ne te vois!
''J'écoute tous les sons et n'entends point ta voix!
''Oh! que de fois ton pied, loin du bruit de la foule,
''A suivi ce chemin qu'aujourd'hui mon pied foule!
''Sous ces chênes feuillus combien de fois, le soir,

"Fatigué du travail, es-tu venu t'asseoir,
"Pendant que loin de toi, sur la mousse endormie,
"En rêve te voyait ta malheureuse amie!
"Que de fois sur ces prés ton anxieux regard
"A dû, comme le mien, s'en aller au hasard!
"Gabriel! Gabriel! oh! quand te reverrai-je?
"Quand donc, mon bien-aimé, quand te retrouverai-je?

Elle entendit alors gazouiller, tout après,
Une jeune engoulevent juché sur un cyprès.
Son refrain, aussi doux que le chant de la flûte,
Ondula sous le bois, comme l'onde qui lutte
Contre les chauds baisers des brises du matin,
Et d'échos en échos mourut dans le lointain.

"Patience!" souffla, du fond calme des ombres,
L'esprit mystérieux de tous les chênes sombres;
Et des prés où la lune ouvrait un blanc chemin,
Un long soupir monta qui répondit:
                                        "Demain!"
Le lendemain, l'aurore était toute riante,
Les plantes se berçaient sur leur tige pliante,
La nuit sur le gazon avait versé des pleurs,
Et, dans l'air attiédi, partout, de blanches fleurs
Répandaient les parfums de leurs coupes d'albâtre.
Le prêtre, sur le seuil de la maison du pâtre,
Dit à ceux qui partaient:
                          – Mes bons amis, adieu!
"Je vais, priant pour vous, vous attendre en ce lieu.
"Ramenez-nous bientôt le prodigue frivole;
"Ramenez-nous aussi la jeune vierge folle,
"Qui dormait sous les bois quand l'époux est venu."

– "Adieu! dit souriant et d'un air ingénu,
"La douce enfant, Adieu! Que le Seigneur nous
   guide!"

Puis, avec le vieux pâtre elle descend, rapide,
Au bord de la rivière où, prés des verts sentiers,
Les attendaient déjà de vaillants canotiers.

Le matin rayonnait sur la vague sereine.
Ils partirent. Docile à l'aviron de frêne,
Sous l'élan vigoureux, le rapide canot
S'éloigna du rivage et disparut bientôt...
Ils poursuivaient en vain, dans leur course obstinée,
Celui que devant eux, hélas! la destinée
Chassait comme une feuille au sein nu des déserts,
Ou comme le duvet de l'oiseau dans les airs.

Cependant un jour fuit, un autre, un autre encore!
Au coucher du dernier pas plus qu'à son aurore,
Ils n'ont pu découvrir la trace du fuyard.

Ils ont interrogé longtemps, de toute part,
La colline et le lac, la forêt et le fleuve,
Et dans ces lieux nouveaux, en leur amère épreuve,
La vierge défaillante et le rameur pensif
N'ont eu que des rumeurs pour guider leur esquif.

Et la nacelle, comme une aile ouverte vole
Puis elle atteint enfin cette ville espagnole,
Adayès qui se plaît au bruit comme aux chansons.
Les ombres s'étendaient sur les champs de moissons.
Ils descendent, lassés, dans anevieille auberge.
Aussitôt, grand parleur, l'hôte qui les héberge
Leur dit que Gabriel, guide, amis et chevaux,
Sont la veille, partis, pour des pays nouveaux.

IV

Bien loin, à l'occident, sont des campagnes nues

Où des chaînes de roc s'élèvent jusqu'aux nues.
Sous le souffle glacé des éternels hivers,
Barrières de géants, leurs sommets sont couverts
D'une neige éclatante et d'une glace épaisse.
Un sommet çà et là se déchire et s'affaisse,
Pour ouvrir une gorge, un ravin spacieux
Où passent, en criant sur leurs âpres essieux,
Les pesants chariots de quelque caravane.

Au couchant, l'Orégon roule une eau diaphane;
De cascade en cascade, au loin, vers le levant,
On voit le Nebraska verser son flot mouvant.

Sous le ciel du midi, des torrents, des rivières,
Charriant sans repos les sables et les pierres,
Soulevés par les vents, en d'étranges réveils
Descendent des sierras, avec des bruits pareils
Aux multiples accords des harpes et des lyres
Que font vibrer, le soir, les amoureux délires.

Et puis, entre les flots de ces larges torrents,
Qui s'élancent fougueux vers des cieux différents,
Se déroule sans fin la zone des prairies,
Océan de gazon, mers ou plaines fleuries
Qui bercent au soleil, en un lointain profond,
Leurs vagues d'amorphas, de roses, de mil blond.

Là, libres, courroucés, ou pleins d'ardeurs jalouses,
Les bisons font trembler les immenses pelouses;
Là courent les chevreuils et les souples élans,
Les sauvages chevaux avec les loups hurlants;
Là s'allument des feux qui dévorent la terre;
Là des vents fatigués soufflent avec mystère!
Des enfants d'Ismael les sauvages tribus
Arrosent de leur sang ces déserts étendus,
Et l'avide vautour, hâtant ses ailes lentes,

En tournoyant dans l'air suit leurs routes sanglantes.
Il semble, esprit vengeur des vieux chefs massacrés,
Trouver, pour fuir au ciel, d'invisibles degrés.

On voit monter parfois un orbe de fumée;
Là s'élève une tente. Une horde affamée,
Poussant des cris de guerre et la haine dans l'oeil,
Danse autour du brasier où rôtit le chevreuil.
De place en place aussi, se mirant aux fontaines
Qui sillonnent parfois ces retraites lointaines,
Fleurit quelque bosquet où l'oiseau va chanter;
Et l'ours morose vient, tout en grognant, hanter
Les cavernes d'un roc, le fond d'une ravine
Où sa griffe déterre une amère racine.
Puis, percé de clous d'or, bien au-dessus de tout,
Comme un toit protecteur le ciel s'étend partout.

Mais toujours Gabriel continuait sa course.
Il avait remonté plus d'un fleuve à sa source;
Et près des monts Ozarks au flanc sévère et nu,
Avec ses compagnons il était parvenu.
Et, depuis bien des jours, le vieux pâtre et la vierge
Avaient quitté la ville et la petite auberge,
Où l'hôtelier leur dit le départ du trappeur.

Toujours encouragés par un espoir trompeur,
Avec des Indiens au visage de cuivre,
Ils s'étaient mis en route, empressés à la suivre.
Parfois, ils croyaient voir, à l'horizon lointain,
S'élever vers le ciel, dans l'air pur du matin,
De son camp éloigné la fumée ondulante;
Le soir, ils ne trouvaient qu'une cendre brûlante,
Que des brasiers éteints et des charbons noircis.

Or, malgré la fatigue et malgré les soucis,
Ils ne s'arrêtaient pas. Toujours pleins de courage,

Ils poursuivaient toujours leur pénible voyage.
On eut dit qu'une fée au pourvoir merveilleux,
D'un grand lac de lumière étalait, sous leurs yeux,
Le mirage trompeur. Ils étaient dans l'ivresse;
Mais ce lac enchanté fuyait, hélas! sans cesse.

Comme ils avaient, un soir, dressé leur campement,
Ils virent s'avancer près du feu de sarment,
Une jeune Indienne. Elle n'a rien de rude,
Et prévient le respect par son humble attitude.
On lit bien la douleur en son oeil abattu,
Mais on y lit de même une forte vertu.
C'était une Shawnée. Elle allait aux montagnes
Rejoindre ses parents et ses jeunes compagnes,
Qu'elle avait dû quitter pour suivre son époux
A la chasse aux castors, aux ours, aux cariboux,
Jusqu'aux lieux où l'hiver étend son aile blanche;
Mais elle avait vu là le féroce Comanche,
Enivré de fureur, du tomahawk armé,
Massacrer sous ses yeux son époux bien-aimé,
Un chasseur canadien, un fier visage pâle,
Qui brava ses bourreaux jusqu'à son dernier râle.

Elle parlait ainsi d'un ton plaintif et lent;
Les exilés souffraient tout en la consolant.
Quand la braise eut doré le bison délectable,
Ils la firent asseoir à leur modeste table.

Lassés du poids du jour et du poids des ennuis,
Quand le repas fut fait, que le voile des nuits
Eut ouvert, sous le ciel, ses grands replis humides,
Les fils de l'Acadie et leurs fidèles guides
Livrèrent au repos leurs membres fatigués.

Pendant que follement les rayons chauds et gais
Du brasier qui flambait dans la plaine assombrie,

Jouaient sur leur front blême et leur joue amaigrie,
L'Indienne s'en vint, l'âme pleine de deuil,
Sur le gazon s'asseoir, devant le fauve seuil
De la tente où veillait la vierge d'Acadie.
Elle redit encore la noire perfidie
Qui sema son chemin d'ineffables douleurs.

Elle redit aussi, les yeux noyés de pleurs,
Avec le doux parler de la forêt sauvage,
Ses amours, ses bonheurs, et son triste veuvage.
La vierge de Grand-Pré pleurait à ces récits,
Les maux qu'elle endurait lui semblaient adoucis,
Car elle avait, près d'elle, une autre infortunée
A d'éternels chagrins comme elle destinée,
Un coeur brûlant d'amour, déçu blessé, flétri,
Et privé pour jamais de son objet chéri.
Le souffle de douleur qui passait sur ces femmes
Les liait l'une à l'autre et faisait soeurs leurs âmes.

La proscrite à son tour dit aussi ses émois;
Elle dit ses chagrins et depuis quels longs mois,
Bien loin de sa patrie, elle allait désolée;
Et la femme des bois, la figure voilée,
L'écoutait en silence, assise à quelques pas.
Ses yeux étaient de flamme; elle ne pleurait pas,
Et quand Évangéline eut fini son histoire,
Muette, elle pencha la tête. On eut pu croire
Qu'une terreur nouvelle obsédait son esprit.
Mais un moment après, tressaillante, elle prit,
Dans ses deux frêles mains, les mains de l'exilée,
Puis, assise à ses pieds, d'une voix modulée,
Elle lui raconta l'histoire de Mowis,
Le fiancé de neige.
                                    — ''Il épousa jadis,
''Une vierge sensible aux aveux de sa bouche,
''Et sous les bois épais, il partagea sa couche.

"Mais quand l'aube rosa le ciel de l'orient,
"Il sortit du wigwam, gracieux, souriant,
"Et bientôt, par degrés, se fondit comme une ombre,
"Aux baisers du soleil qui chassait la nuit sombre
"Et la jeune épousée, en proie à ses regrets,
"Le suivit en pleurant jusqu'au fond des forêts,
"Tendant vers lui les bras pour retarder sa fuite."

Et, sans se reposer, elle redit ensuite,
Avec le même accent si doux et si charmeur,
Comment, un soir, si l'on en croyait la rumeur,
La belle Lilineau par un brillant fantôme
Avait été séduite. Il venait sous le dôme
Des pins majestueux qui voilaient son séjour,
Et quand elle sortait, vers le déclin du jour,
Comme un souffle odorant qui passe sur les mousses,
Sa voix lui murmurait les choses les plus douces.

Heureuse de sentir son magique pouvoir,
Elle aimait à l'entendre, elle aimait à le voir.
En caressant, un jour, ses verdoyantes plumes,
Elle suivit son vol par les bois et les brumes.
On ne le revit plus. Sa tribu la chercha;
Mais personne jamais, sans doute, n'approcha
Du gîte où l'enchanteur la retenait captive.
Toujours Évangéline écoutait, attentive,
Les contes merveilleux de la femme des bois.
La plaine fleurait bon, et cette douce voix,
Lui fit croire, un instant, qu'elle était transportée
Par une fée aimable en la terre enchantée
Que son rêve souvent voyait dans son essor.

Lentement dans la nuit, comme une boule d'or,
La lune se leva sur l'Ozark aux flancs chauves.
Elle fit peu à peu glisser des reflets fauves
Sur les plaines en fleurs et les monts de granit,

Sur les haines, de l'antre et les amours du nid.
La tente se drapa de douces lueurs blanches;
Le ruisseau plus gaîment murmura sous les branches;
Les gazons plantureux et les boix étendus
Dans une mer d'argent semblaient s'être fondus.
Un souffle parfumé berçait toutes les choses.

L'exilée, à l'aspect des tableaux grandioses,
Sent l'ivresse griser son coeur toujours aimant.
Mais une vague peur, un noir pressentiment
Se glissèrent alors dans son âme timide,
Comme, au coucher du jour, sous la verdure humide,
Un serpent qui se glisse, à travers le buisson.
Jusqu'au nid où l'oiseau module sa chanson.
Ce n'était pas alors une crainte futile
Des choses d'ici-bas; c'était, douce et subtile,
Une voix qui passait dans les vagues de l'air,
Et qui venait du ciel. Comme au feu de l'éclair,
Elle vit que pareille à la femme indienne,
Dans sa course elle aussi, la pauvre Acadienne,
Vainement poursuivait un fantôme menteur.
Tout dormait cependant. Dans le calme enchanteur,
Sur elle le sommeil descendit comme un baume,
Et tout se dissipa: crainte, joie et fantôme.

Aussitôt qu'apparut l'aube du lendemain,
Les vaillants voyageurs reprirent leur chemin.
Jeune et pourtant au deuil à jamais condamnée,
Avec eux s'éloignait la paintive Shawnée.
Elle dit, appelant la proscrite sa soeur:
– ''Je connais le pays où passe le chasseur.
''Sur le flanc de ces monts où l'aigle a mis son aire,
''Du côté du couchant, un peuple débonnaire
''Habite un pauvre bourg. C'est une mission.
''On aurait là pour toi de la compassion.
''Le chef de ce village est une robe noire.

"Son souvenir toujours sera dans ma mémoire.
"Son peuple m'est connu. Je l'ai vu bien souvent
"Chanter comme l'oiseau, gémir comme le vent,
"Pendant qu'il lui parlait de la vie éphémère,
"Et du divin Jésus, et de sa sainte mère."

Évangéline, alors, dit à ses compagnons:
– "Allons de ce côté. Hâtons-nous. Atteignons
"Le bourg que la montagne abrite sous son aile,
"Peut-être aurons-nous là quelque bonne nouvelle."
A peine eut-elle dit, que les aventuriers
Guidèrent vers les monts leurs rapides coursiers.
Quand le soleil entra dans son lit de nuée
La troupe voyageuse, ardente et dénuée,
Atteignait la montagne et découvrait, au loin,
Une large prairie où se berçait le foin,
Où dormaient çà et là de limpides fontaines,
Elle entendit bientôt monter des voix humaines,
Et vit dans la verdure, au bord d'un grand ruisseau,
Les tentes des chrétiens qui se miraient dans l'eau.

Au pied d'un chêne antique, et parmi les cabanes,
Sur un épais tapis de mousse et de lianes,
Le peuple plein de foi s'était agenouillé.
Il priait. Ce grand chêne, au faîte ensoleillé,
Était l'unique temple. Un crucifix de marbre
Avait été fixé dans l'écorce de l'arbre,
Et semblait reposer un regard triste et doux
Sur les humbles chrétiens tombés à ses genoux.
A travers les rameaux que la luminère dore,
La prière et le chant, le soir comme à l'aurore,
S'élèvent vers les cieux, tel un divin encens.

Les voyageurs, touchés de ces naïfs accents,
S'avancèrent sans bruit, la tête découverte,
Se mirent à genoux sur la pelouse verte,

Et prièrent longtemps avec dévotion.

Quand le prêtre eut donné la bénédiction,
Qui tomba de sa main sur ces têtes chéries,
Comme sur les sillons ouverts dans les prairies,
Tombe le grain de blé de la main du semeur,
Il s'avança vers eux, sollicitant l'honneur
De les avoir dès lors pour hôtes dans sa tente.
Basile, un peu confus, d'une voix hésitante,
L'assure au nom de tous d'un respect filial.

En entendant parler son langage natal,
Le ministre de Dieu sent une grande joie.
Par un large sentier où la verdure ondoie,
Entre deux rangs de gens curieux et dévôts,
Il guide à son wigwam les visiteurs nouveaux,
Et pour siège il étend la dépouille du fauve.
Il signe de la croix son front auguste et chauve,
Et simple, et souriant, sur un fruste tapis
Il met le maïs d'or en gâteau, en épis,
Il leur sert, d'une main qui n'est pas encore lourde,
Pour apaiser leur soif, l'eau fraîche de sa gourde.

Tout en se reposant sur les nattes de peaux,
Ils disent leur histoire. A ces tristes propos
Le saint prêtre répond d'une voix solennelle:

– "L'aube n'a pas six fois aux cieux ouvert son aile,
"Le soleil ne s'est point six fois non plus enfui
"Depuis que Gabriel, car enfin c'est bien lui,
"S'est assis sur la natte où la vierge est assise.
"Pour se rendre à mes voeux, d'une voix indécise
"Il me fit longuement ce triste récit-là;
"Je le bénis ensuite, et puis il s'en alla."

La voix de ce pasteur était très onctueuse.

C'était l'aimable écho d'une âme vertueuse,
Qui sait trouver léger le fardeau du devoir,
Pour la proscrite, hélas! c'était le désespoir.
Chaque mot dans son coeur qu'un nouveau deuil
    assiège
Tombe, comme en hiver, les blancs flocons de neige
Dans le nid d'où l'oiseau s'est à peine envolé.

– ''Il va chasser bien loin, dans le nord désolé,
''Continua le prêtre; à la saison prochaine
''Il viendra de nouveau prier sous le grand chêne.''

''Évangéline dit, en poussant un soupir:
– ''Mon âme est abattue et lasse de souffrir. . .
''Mon père, permettez qu'avec vous je demeure,
''Pour attendre l'époux ou bien ma dernière heure.''

Et le missionnaire, accédant à ses voeux,
Répondit tout ému:
                 – ''Mon enfant, je le veux.''

Le lendemain matin, revêtu de son aube,
Le prêtre dit la messe, à la clarté de l'aube;
Et quand fut consommé l'holocauste divin,
Basile fit seller son coursier mexicain
Et partit. Il allait, jouet d'un triste leurre,
Avec ses guides sûrs regagner sa demeure.

Les jours se succédaient lentement, lentement,
Et partout le maïs, qui semblait seulement
Un verdoyant duvet répandu sur la terre,
Quand l'exilée entra dans le bourg solitaire,
Balançait aujourd'hui, comme des flots mouvants,
Ses longues tiges d'or au caprice des vents.
Et l'étrange fouillis de ses feuilles vermeilles
Offrait une cachette aux voraces corneilles,

Ou formait un grenier dont l'agile écureuil,
Pour se gorger, passait à chaque instant le seuil.

On dépouillait déjà, dans l'amour et la joie,
Les épis couronnés d'une aigrette de soie.
Les filles du hameau rougissaient, si leur main
Développait alors des graines de carmin;
Les filles rougissaient et cachaient leur visage,
En riant en secret de l'amoureux présage;
Mais elles se moquaient du pauvre épi tortu,
L'appelaient un brigand, un épis sans vertu
Qui ne méritait pas sa place dans la tresse.
Auprès d'Évangéline étrangère à l'ivresse,
Alors nul rouge épi n'amena Gabriel.

Le prêtre lui disait:
                                    – "Laisse faire le ciel,
"Et le ciel à la fin entendra ta prière.
"Dans le champ du Seigneur sois fidèle ouvrière.
"Il est dans nos déserts, mon enfant, un fleur
"Petite, sans orgueil, et sans vive couleur;
"Vers le nord, en tout temps, son calice s'incline.
"C'est une fleur que Dieu, dans sa bonté divine,
"Sème, de place en place, en ces prés étendus,
"Pour diriger les pas des voyageurs perdus.
"La foi dans notre coeur ressemble à cette plante.

"La fleur des passions est toujours plus troublante;
"Elle a plus de couleurs, plus de pompeux éclats,
"Mais soyons défiants, elle trompe nos pas,
"Et son baume suave est, hélas! bien funeste.
"Seule ici-bas la foi, cette plante céleste,
"Est le guide éclairé de nos pas raffermis,
"Et puis ensuite elle orne, au ciel, nos fronts
        soumis.''

Ainsi venaient déjà les beau jours de l'automne.
Ils passèrent pourtant! Les fruits de leur couronne
Tombèrent un par un sur le guéret durci,...
Gabriel ne vint pas!
                              L'hiver s'enfuit aussi;
Le printemps embaumé s'ouvrit comme une rose;
L'abeille butina la fleur à peine éclose;
Sur les feuilles des bois, dans le calme des airs,
L'oiseau bleu fit pleuvoir ses cris joyeux et clairs...,
Gabriel ne vint pas!
                              Cependant, sur son aile
La brise de l'été portait une nouvelle
Plus douce que l'espoir et l'amoureux frisson,
Que le parfum des lis et le chant du pinson.
L'agréable rumeur, vague mais persistante,
Disait que Gabriel avait planté sa tente,
Avec d'autres chasseurs, depuis bientôt un an,
Près de la Saginaw, au fond du Michigan.
Et l'exilée alors, que la terre délaisse,
Compte encore sur le ciel. Et malgré sa faiblesse
Et tout ce qu'a d'amer une déception,
Elle fait ses adieux à l'humble mission.

Des guides s'en allaient vers la Nouvelle-France,
Aux grands lacs. Espérant la fin de sa souffrance,
Elle partit. Bien loin, dans l'immense désert,
Après avoir, hélas! plus d'une fois souffert
D'une cruelle faim et d'une soif acerbe,
Après avoir couché sous l'étoile et sur l'herbe,
Elle atteignit des bois qui s'adossent au Nord,
Et de la Saginaw put explorer le bord.
Un soir, elle aperçut, au fond d'une ravine,
La tente du chasseur... Elle était en ruine!
Sur les ailes du temps s'envolaient les saisons.
La pauvre Évangéline, aux lointains horizons,
Ne voyait pas encore le bonheur apparaître.

Un profond désespoir consumait tout son être.

Sous de cieux, tour à tour ou torrides ou froids,
Elle traîna sa peine ainsi, dans cent endroits.
Tantôt on la voyait, aux missions moraves,
Priant Dieu de briser ses terrestres entraves,
Sur un champ de bataille, aux malheureux blessés
Tantôt elle portait des secours empressés.
Elle entrait aujourd'hui dans une grande ville
Et demain se cachait dans un hameau tranquille;
Comme un pâle fantôme on la voyait venir,
Et souvent de sa fuite on n'avait souvenir.

Quand elle commença sa course longue et vaine,
Elle était jeune et belle, et son âme était pleine
De suaves espoirs, de tendres passions:
Sa course s'achevait dans les déceptions!

Elle avait bien vieillie: sa joue était fanée;
Sa beauté s'en allait. Chaque nouvelle année
Dérobait quelque charme à son regard serein,
Et creusait sur son front les rides du chagrin.
On découvrait déjà, sur sa tête flétrie,
Quelques cheveux d'argent, aube d'une autre vie,
Aurore dont l'éclat mystérieux et doux,
Nous dit qu'un nouveau jour va se lever pour nous,
Comme au premier rayon dont le ciel s'illumine,
Sous le voile des nuits, le matin se devine.

V

En ces lieux ravissants où, de ses flots nacrés,
La Delaware arrose et féconde les prés,
Il s'élève une ville harmonieuse et fière,
Elle mire ses toits dans la grande rivière,

Et garde avec amour, en son bois enchanteur,
L'illustre nom de Penn, son pieux fondateur.

Là souffle un doux vent; là, de la beauté suprême
La pêche veloutée est vraiment un emblême;
Là, glorieux échos, chaque rue a sa voix
Qui répète les noms des arbres d'autrefois,
Comme pour apaiser les dryades discrètes,
Dont le colon troubla les antiques retraites.

Après avoir bercé, sur d'orageuses mers,
Ses amours sans espoirs et ses chagrins amers,
La vierge de Grand-Pré, la suave bannie,
Avait aimé bientôt cette rive bénie
Qui lui rappelait tant le village perdu.
Le repos succédait à son labeur ardu,
Ici dormait heureux LeBlanc, le vieux notaire.
De ses cent petits-fils, quand il quitta la terre,
Un seul était venu s'asseoir à son chevet.

Oui, c'était bien ici qu'enfin elle trouvait
Le plus de souvenirs de sa terre natale.
Elle aimait des Quakers l'existence frugale,
Et l'usage charmant qu'ils ont de tutoyer.
Elle voyait alors doucement châtoyer,
Dans le passé lointain, l'Acadie où naguères
Les habitants heureux s'aimaient comme des frères.
Maintenant que l'espoir est mort, et le coeur, las,
Par un divin instinct ses pensers et ses pas
Se tournent vers la ville ou l'âme se recueille,
Comme vers le soleil se tourne l'humble feuille,
Quand un rayon du ciel, un souffle matinal,
Dissipent le brouillard où se noyait le val,

Le voyageur qui touche au sommet des montagnes
Voit surgir, à ses pieds, dans les vertes campagnes,

De longs ruisseaux d'argent tout frangés de rameaux,
Des champs et des moissons, des bois et des hameaux.
Ainsi, quand le chagrin s'endormit dans son âme,
Elle vit que l'amour, de sa féconde flamme,
Divinisait encore le ciel et les humains.
Elle se sentit forte, et les âpres chemins
Qu'elle avait parcourus avec tant de constance,
Lui paraissaient très beaux maintenant, à distance.

Cependant Gabriel n'était pas oublié.
Par les premiers serments son coeur était lié,
Son tendre coeur de vierge. En sa longue agonie,
Elle voyait toujours, charmante et rajeunie,
Comme au suprême soir du dernier rendez-vous,
L'image du beau gars choisi pour son époux.
Le silence, l'absence, et le temps qui s'envole
Mettaient au souvenir une vive auréole.
Pour elle Gabriel n'avait jamais vieilli.
Non, jamais sous les ans il n'avait défailli,
Mais il était resté dans la vigueur de l'âge,
Au matin radieux, là-bas, dans le village.

En son exil amer, sous le ciel étranger,
La douce Évangéline aimait à partager
L'angoisse du chagrin, les pleurs de l'indigence.
Elle savait pour tous avoir de l'indulgence,
Pour tous elle priait. Sa grande charité,
Gardant toujours son charme et son intensité.
Ressemblait à ces fleurs dont les brillants calices
Sans rien perdre jamais, pourtant, de leurs délices,
Répandent dans les airs leurs suaves odeurs.
Son âme s'enflammait de divines ardeurs;
Elle ne gardait plus qu'une seule espérance,
Suivre Jésus partout avec persévérance,
Et, comme un holocauste, à Dieu s'offrir aussi.

Et l'on vit bien longtemps la soeur de la Merci
Se glisser, chaque jour, dans les coins de la ville
Où, comme un noir essaim, grouille un peuple servile;
Où, pour cacher ses pleurs, sa faim, sa nudité,
L'indigence s'enfonce avec timidité;
Où la femme malade est sans pain, et travaille
Pour nourrir ses enfants qui gisent sur la paille;
Bien longtemps on la vit, dans ces coins isolés,
Porter un peu de paix aux foyers désolés.

Lorsque la foule était de partout disparue,
Que tout dormait, le guet qui longeait chaque rue
Criant, dans la rafale ou dans l'obscurité,
Que tout était tranquille au sein de la cité,
Le guet voyait souvent, dans une humble mansarde,
La pensive lueur de sa lampe blafarde.
Avant qu'à son sommeil l'heureux fût arraché,
L'Allemand matinal qui portait au marché
Et des fleurs et des fruits dans sa lourde charrette,
Souvent la rencontrait qui gagnait sa retraite.
Sans effroi, toute pâle, en priant, en pleurant,
Après avoir veillé près du lit d'un mourant.

Sur la cité de Penn une peste maligne,
Hélas! vint fondre un jour. Plus d'un funeste signe
Fut remarqué d'abord par tous les villageois.
De sauvages pigeons étaient sortis des bois,
Où seuls les glands amers formaient leur nourriture,
Quand d'une longue faim ils sentaient la torture.
Leur vol plus d'une fois avait terni le jour,
Et les fauves avaient, comme eux, fui leur séjour.

Parfois, lorsqu'est venu le beau mois de septembre,
Sur les champs tout fleuris et tout parfumés d'ambre
L'océan pousse un flot qui monte, monte encore,
Jusqu'à ce que le pré soit lui-même un lac d'or;

De même, franchissant sa borne accoutumée,
L'océan de la mort sur la plaine embaumée
Où fleurissait la vie, où rayonnait l'azur,
Avec un long sanglot jeta son flot impur.

Le riche, par ses biens, la beauté, par ses charmes,
L'enfant, par ses soupirs, la mère, par ses larmes,
Ne purent désarmer le terrible oppresseur,
Et le frère mourait dans les bras de sa soeur,
L'enfant en s'endormant sur le sein de la mère,
L'épouse, à son réveil d'une ivresse éphémère!
L'indigent, délaissé, dans ce moment fatal,
Sans amis, sans parents, frappait à l'hôpital,
La demeure de ceux qui n'ont point de demeure,
C'est là qu'il attendait, hélas! sa dernière heure.

En dehors de la ville, au coin d'un large pré,
En ce temps l'hôpital s'élevait, retiré;
Aujourd'hui cependant la ville l'environne,
Et ses murs lézardés, le toit qui le couronne,
Semblent être un écho qui répète aux heureux
Ces mots que Jésus dit chez Simon le lépreux:
"Des pauvres sont toujours au milieu de vous autres."

Nuit et jour, à l'hospice, avec de saints apôtres,
On voyait accourir la soeur de charité.
Et quand elle parlait, en son austérité,
Des biens que Dieu réserve à ceux qui, dans le monde,
Ont porté le fardeau d'une douleur profonde,
Les mourants souriaient et retrouvaient l'espoir.
Sur le front de la vierge, alors, ils croyaient voir
Une vive auréole, une lueur divine,
Comme au front des élus un artiste en dessine,
Ou comme, dans la nuit, au-dessus des cités
On en voit resplendir. Dans leurs félicités,
Cela leur paraissait la radieuse flamme

123

Des lampes de ce ciel où monterait leur âme.

A l'aube, un samedi que tout semblait plus beau,
Par la ville déserte elle vint de nouveau
Vers le sombre hôpital encombré de malades.
Au souffle qui passait sous les vertes arcades,
Le jardin mollement balançait mille fleurs.
Elle choisit alors celles dont les couleurs
Pouvaient rendre, peut-être, un sourire à la bouche
Des patients cloués sur leur funèbre couche;
Elle fit un bouquet, puis ensuite monta.

La brise, au même instant, sur son aile apporta,
De l'église du Christ, un joyeux chant de cloches;
Et, flottant sur les prés, plus humbles et plus proches,
Les spaumes suédois du choeur de Wicaco
S'unirent à l'airain, comme un céleste écho.
Aussi doux que le bruit d'une aile qui se ferme,
Le calme descendait. Le deuil avait un terme;
La vierge pressentit que sa peine achevait.

Elle entre doucement. Sur le fiévreux chevet
Elle porte un regard qu'un espoir doux anime.
A l'ange de la mort disputant sa victime,
Des soeurs pleines de zèle et fuyant le vain bruit,
Prodiguent mille soins et veillent jour et nuit.
Sur le front tout brûlant, sur la lèvre qui sèche
Elles viennent répandre une goutte d'eau fraîche.
Et quand tout est fini pour ces pauvres humains,
Sur leur poitrine froide elles croisent leurs mains,
Elles ferment leurs yeux, et le linceul les couvre.

Au moment où la porte en gémissant s'entr'ouvre,
Les pâles moribonds semblent se réveiller,
Se tournent lentement sur leur triste oreiller
Et fixent sur la vierge un oeil plein de souffrance.

Sa présence était douce et rendait l'espérance,
Elle était le soleil qui monte à l'horizon,
Et vient illuminer les murs d'une prison.
Promenant ses regards sur les lits, autour d'elle,
Elle vit que la mort, en servant fidèle,
Avait enfin guéri d'inguérissables maux.
Plusieurs qui de sa bouche, hier, buvaient les mots,
Hélas! ne vivaient plus. Ici, comme eux livides,
D'autres les remplaçaient: là des lits étaient vides.

A l'aspect de la mort qui surgit de partout,
Soudain elle s'arrête. Est-ce horreur ou dégoût?
Elle est là morne, pâle, et sa langue liée
Veut dire, semble-t-il, une chose oubliée.
Un frisson la secoue, et l'odorant bouquet,
S'échappant de sa main, tombe sur le parquet.
Dans ses yeux cependant, et sur sa maigre joue,
L'étonnement se peint, une lueur se joue.
Est-ce le feu qui meurt? Or, voilà qu'aussitôt,
Suffoquant dans l'angoisse, elle jette un sanglot.
Les moribonds, surpris de cette affre suprême,
Sur leurs chauds oreillers levèrent leur front blême.

Un malade était là, devant elle, un vieillard...
Ses yeux ne voyaient plus qu'à travers un brouillard;
Des cheveux gris tombaient sur sa tempe fiévreuse;
Il s'en allait mourant. Et sa joue était creuse,
Et sa large poitrine en râlant se gonflait.
C'était la fin. Soudain le soleil, d'un reflet,
Efface le sillon qu'avaient tracé les rides,
Et rend l'air de jeunesse à ses vieux traits arides.

Il était là, cet homme, immobile et sans voix,
Le regard attaché sur la petite croix
Qu'on venait de suspendre au mur, près de sa couche.
La fièvre, d'un trait rouge, avait marqué sa bouche.

On eut dit que la vie, à l'instar des Hébreux,
Avait mis sur sa porte un sang tout généreux,
Pour que l'ange de mort retint encore son glaive.

Peut-être ses pensées se perdaient dans un rêve.
Il demeurait toujours immobile et muet,
Ou seule, pour prier, sa lèvre remuait.
On voyait sur ses yeux des nuages funèbres;
Ses esprits se noyaient en de lourdes ténèbres,
Ténèbres d'agonie et ténèbres de mort.

Au cri d'Évangéline il se réveille, il sort
De l'ombre qui l'étreint, et ressaisit la vie.
Dans le calme, aussitôt, son oreille ravie
Entendit une voix, comme un écho du ciel,
Oui lui dit tendrement:
— ''Gabriel! Gabriel!
''Bénis, mon bien-aimé, le ciel qui nous rassemble!''

Et voilà qu'il revit dans un songe. Il lui semble,
Qu'heureux et jeune encore, il est, comme autrefois,
Dans sa belle Acadie avec les villageois;
Qu'il erre dans les prés; qu'il entre en son village,
Sous le toit de son père abrité de feuillage;
Qu'il voit Évangéline, allant à son côté,
Dans toute sa jeunesse et toute sa beauté,
Sur la prairie en fleurs et le long des rivières!...

Des pleurs d'enivrement coulent de ses paupières;
Il ouvre grands ses yeux et cherche autour de lui.
La douce vision, hélas! a déjà fui!
Mais auprès de sa couche, humble et mélancolique,
Il voit, agenouillée, une forme angélique,
Et c'est Évangéline!...
                              Il veut dire son nom,
Mais sa bouche ne peut murmurer qu'un vain son.

Dans un dernier effort, en une sainte ivresse,
Il attache sur elle un regard de tendresse,
Il veut lever la tête et lui tendre la main,
Aussitôt il retombe, et tout effort est vain!

Seulement, un sourire éclaire sa figure,
Quand de sa fiancée il sent la lèvre pure
Sur sa lèvre de feu longuement se poser.
Son regard se réveille à ce dernier baiser,
A cet éclair d'amour qui sait enfin l'atteindre...
C'est la lampe qui brille au moment de s'éteindre.
Il se ferme déjà cet oeil encore si beau.
Un souffle malfaisant éteignait le flambeau,
Et tout était fini, l'amour et ses délices,
La crainte et les espoirs, la joie et les supplices!

Près de ce mort béni qu'elle avait aimé tant,
La pauvre Évangéline est à genoux. Pourtant,
Une dernière fois, en l'angoisse abîmée,
Elle prend dans ses mains la tête inanimée,
La presse doucement contre son coeur transi,
Et dit, penchant son front:
                        – ''O mon Père, merci!''

C'est l'antique forêt... Noyés dans la pénombre,
Vieux et moussus, drapés dans leur feuillage sombre,
Les pins au long murmure et les cyprès altiers
Se balancent encore sur les fauves sentiers,
Mais loin, bien loin de leurs discrets ombrages
Les fiancés constants, sur d'étrangères plages
Dorment l'un près de l'autre, à jamais réunis...
La paix est éternelle où les maux sont finis.

Ils sont là, sous les murs du temple catholique,
Au sein de la cité; mais la croix symbolique
Qui disait au passant le lieu de leur repos,

La croix ne se voit plus. Comme d'immenses flots
Roulent avec fracas vers une calme rive,
Chaque jour, cependant, pressée, ardente, arrive
Auprès de leurs tombreaux la foule des humains.
Combien de coeurs brisés, venus par tous chemins,
Soupirent dans le doute ou dans la lassitude,
En ces lieux où leurs coeurs trouvent la quiétude!
Combien de fronts pensifs s'inclinent tristement
En ces lieux où leurs fronts n'ont plus aucun tourment!
Combien de bras nerveux travaillent sans relâche
En ces lieux où leurs bras ont achevé leur tâche!
Combien de pieds actifs se succèdent sans fin,
En ces lieux où leurs pieds se reposent enfin!

C'est l'antique forêt... Noyés dans la pénombre,
Vieux et moussus, drapés dans leur feuillage sombre,
Les pins au long murmure et les cyprès altiers
Se balancent encore sur les fauves sentiers;
Mais sous leur frais ombrage et sous leur vaste dôme,
On entend murmurer un étrange idiôme,
On voit jouer, hélas! les fils d'un étranger!...
Seulement, près des rocs que le flot vient ronger,
Le long des bords déserts du brumeux Atlantique,
On voit de place en place, un paysan rustique.
C'est un Acadien, dont le pieux aïeul
Ne voulut pas avoir autrefois pour linceul,
La terre de l'exil. Il vint, bravant le maître,
Mourir aux lieux aimés où Dieu l'avait fait naître.

Cet homme, il est pêcheur; il vit de son filet.
Sa fille porte encore élégant mantelet,
Jupon de droguet bleu, bonnet de Normandie.
Elle a de beaux yeux noirs, une épaule arrondie.
Sa femme est au ménage et tourne le fuseau.
Ses garçons comme lui se complaisent sur l'eau.

C'est l'antique forêt... Quand l'étoile s'allume,
Dans les veilles d'hiver, près de l'âtre où l'on fume,
Les paysans dévots parlent, les yeux en pleurs,
De leur Évangéline et de ses longs malheurs...
On entend au dehors des clameurs. C'est, tout proche,
L'océan qui gémit dans ses antres de roche,
Et la forêt répond par de profonds sanglots,
Au long gémissement qui monte de ses flots.

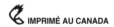